ダークサイド・スキル

本当に戦えるリーダーになる7つの裏技

木村尚敬

nbb
日経ビジネス人文庫

はじめに

どんな時代でも変わらない「日本の会社の価値観」

二十一世紀に入ってから、リーマンショックや東日本大震災をはじめとした大きな外部環境の変化、さらには人工知能（ＡＩ）やビッグデータ解析といった技術革新など、非連続の変化がそれこそ毎年のように起こっている。しかもそれらの変化は、世界中で同時多発的に起こることが多く、たとえ地球の裏側のできごとであっても、日本にも多少なりとも影響を及ぼす。そんな環境下で、日本企業はどのようにして勝ち抜いていけばいいのだろうか。非連続な変化に対応するには、会社側も非連続な進化を遂げなければならない。そのためのカギは何だろうか。

私は、経営共創基盤（ＩＧＰＩ）において、多くの日本企業を元気にする仕事をしている。ＩＧＰＩは、経営コンサルティング、Ｍ＆Ａアドバイザリー、ベンチャー企業や大企業への投資からものづくりの現場改善、さらには地方バス会社の経営など、非常に幅広い事業展開を行っている。そのなかでも私は、歴史がありグローバルに展開している製造業、「古くて大きな会社」の経営支援を主な仕事としている。

人間にたとえれば、すぐにでも〝外科手術〟をしないと存亡の危機にかかわる会社。命にかかわるほどの症状ではないが、抜本的な〝生活改善〟が必要な会社。きわめて健康で維持増進のために身体を鍛えている会社。「オリンピックで金メダルを取る」ようにグローバルトップを目指してハードトレーニングに努めている会社――本当にさまざまなタイプの会社を支援してきた。

しかし、かなり幅広いタイプの異なる課題を持った会社の間にも、ある一定の共通した特徴がある。

「和をもって貴しとなす」を旨とし、みなで協調しながら物事を決めていくところ。

「あうんの呼吸」がコミュニケーションの根本にあり、空気を読むことが美徳とされるところ。

「ムラに対する帰属意識」が強く〝会社〟に忠誠心を持つと同時に、よそ者を排除しようとするところ。

　これらは危機の会社であろうがグローバルトップを目指す会社であろうが、程度の強弱はあれど、ほぼ共通している。しかもこれらは、先輩経営者の話を聞く限り、ずっと昔から日本の会社に見られた特徴である。

　一九八〇年代に「ジャパン・アズ・ナンバーワン」と言われ世界市場を席巻した時期、その後の失われた二十年、さらにはアベノミクスで復活ののろしを上げ始めた今日においても変わることはない。日本企業の根底に脈々と流れる価値観とでもいうべきものであろうか。

　私が本書で述べたいのは、「こうした価値観は時代にそぐわないから、変えたり、捨てたりして戦うべきだ」ということではない。コインに裏表があるように、どんな特徴にも良い面と悪い面がある。日本の会社が持つこの変わらない価値観を、良い方向へ作用させるためにどうしたらいいか。そのカギは、会社の中間管理職、いわゆる部長・課長層が握っているというのが、長年にわたり多くの企業の経営に触れてきた私の実感だ。

泥臭いスキルを身に付けよう

本書の目的は、このミドルリーダーたちへエールを送ることだ。

書名の「ダークサイド」という言葉を聞いて、何やら悪の中枢、闇の世界というイメージを思い浮かべる人も多いことだろうと思うが、当たらずとも遠からず。事業を行う上での〝スキル〟というと、論理的思考能力や財務・会計知識など、「ハード的」な側面を持つスキルがクローズアップされてきた。本書ではそれらを「ブライトサイド・スキル」と呼んでいる。

もちろん、実際に事業を行っていく上では、これらのスキルが重要であることは論を俟《ま》たない。しかしながら、生身の人間を説得し組織を動かしていくこと、強烈な慣性が働いている大きな会社を方向転換させていくためには、人に影響力を与えたり、時には意のままに操るような、もっと泥臭いヒューマンスキルが必要になってくる。

こうしたスキルは、「コミュニケーション・スキル」や「ソフト・スキル」というようなきれいごとではない、もっと人間としてドロドロした自分自身の中にある闇の部分にまで手を突っ込んでいかなければ身に付かない。さらには、他人の闇の部分にまで思いをはせ、それらを巧く使いこなすことが必要である。

本書はそれらの「ダークサイド・スキル」をいかにしてミドルリーダーが身に付け、五年・十年先を勝ち抜いていく会社をつくっていくか、それらのヒントを書き記したつもりだ。

本書が、将来のトップリーダー候補の方々の、リーダーへ向けた旅路（Leadership journey）のお供として、少しでもお役にたてれば望外の喜びである。

2017年6月

木村尚敬

文庫化にあたって

新型コロナウイルスの世界的感染拡大という、一年前にはまったく予期できなかった激震から二〇二〇年代は幕を開けた。多くの産業における需要収縮に端を発した生き残り策の模索、さらには新たなる戦い方、仕事の仕方の構築など、旧来の経営の在り方を抜本的に見直すことが求められている。

まさに今、二〇三〇年以降も生き残れるかどうか、日本の古くて大きい企業は大転換を迫られている。本書で解説する「改革のウィンドウが開いた」状況、コーポレートトランスフォーメーションの好機といえるだろう。

本当の意味で改革を推進するのは、十年後にはこの会社にいない現在の経営層ではなく、これから会社をリードする次世代リーダーたちであるべきだ。そのためには

MBAで身につけるような表のスキルだけではなく、リアリティある結果を出すために、組織・人を動かすダークサイド・スキルを身につけてほしい。そんな思いから、本書を文庫として装いも新たに刊行することとした。

本書で取り上げた「7つのスキル」は、新しい時代を切り開く武器であると同時に、古来より組織を率いる先人たちから学んだ普遍的な知恵でもある。改めて多くの方々に本書の内容をご活用いただければ、著者として望外の喜びである。

なお、本書の記述は原則として単行本刊行時より変更していない。また、文庫化にあたって素晴らしい解説をお書き下さった東京大学の柳川範之教授には、この場を借りて御礼申し上げたい。柳川教授とは、本書の内容を進化させ、新しい時代のミドルの役割を提示した『管理職失格――新世代リーダーへの条件』を共著として刊行している。あわせてお読みいただければ、本書の内容をより深くご理解いただけるものと思う。

2020年10月

木村尚敬

DARK
SIDE
SKILL

ダークサイド・スキル

本当に戦えるリーダーになる7つの裏技

Contents

目次

Prologue

「表のスキル」だけでは生き残れない時代

Part. I

7つのダーク・スキル

その1

思うように上司を操れ

その2

KYな奴を優先しろ

その3

「使える奴」を手なずけろ

その4
堂々と嫌われろ

その5
煩悩に溺れず、欲に溺れろ

Part. II ダークサイド・スキルを磨くポイント

その1 いつでも戦える態勢を整える

その2 人を操る3つの力

Part.
III ダークサイド・スキル 実践編

その3 ブレないリーダーになるために

対談 良品計画・松井忠三氏 ×

IGPI・木村尚敬

Prologue

DARK SIDE SKILL

「表のスキル」だけでは生き残れない時代

ダークサイド・スキルとは何か

私は大企業において、執行役員から部課長層の方々を対象にしたリーダーシッププログラムで、よくお話させていただいている。ここでいう大企業とは、歴史が長く規模が大きい、かつ創業当初のオーナー統治型からサラリーマン統治型へはるか昔に移行している〝古くて大きな会社〟のことだ。

名うての企業の次世代リーダー向けのプログラムだから、著名な経営者の方がゲストスピーカーとして登壇されることも多いのだが、そこに参加している人たちからすると、トップマネジメントの話はやや縁遠いところがあるようだ。非常にありがたい話であったが、雲の上すぎて今の自分たちには手触り感がない、自分たちの喫緊の課題はもっと別のところにある。そういう感想をよく耳にする。

そこで、明日のトップを担う人たちの感覚にマッチしたテーマは何かと考え続けてたどり着いたのが、この「ダークサイド・スキル」である。「ダークサイド・スキル」については後ほどくわしく説明するが、本書がミドルリーダーを主な対象としたのは、トップと現場の間に挟まれたミドルこそ、古くて大きな会社を改革するための要だからだ。その理由をいまから説明してみよう。

収益力を高めた勝ち組と、低収益にあえぐ負け組

日本の主要なメーカーの業績推移を紐解くと、一九八〇年代より規模は大きくなっ

図1　日本の主要メーカー　業績の推移

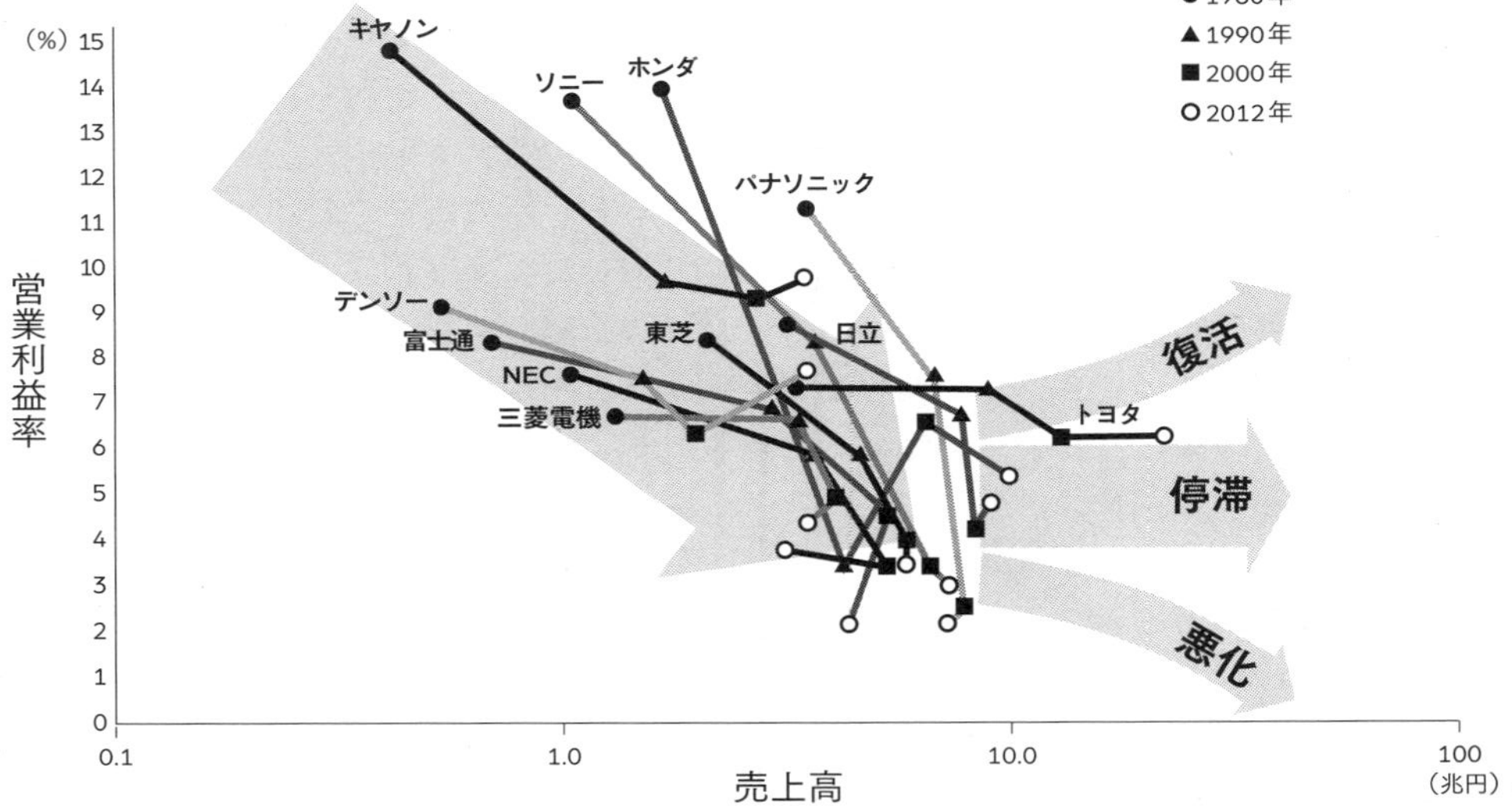

出所：各社公表データより加工

たが収益力、いわゆる「稼ぐ力」は低下傾向にあるのが見て取れる。

ただし、このデータは二〇一二年までであり、問題はこの後である。安倍政権へ移行してアベノミクスが始まった後、日立やソニー、パナソニックなどのように事業構造を抜本的に見直し、収益をグッと改善してきている会社もある。

一方で、シャープなどのように急ブレーキがかかり外科手術に頼らざるをえなくなった会社も一部あるが、本当に危機的状況の、すぐにでも緊急手術が必要な急性疾患を患っているような会社は実はあまり多くはない。放っておくといずれ生命に危険を及ぼすが、現時点においてはさほど症状も辛くない生活習慣病のような慢性疾患をだらだら続けている会社が大半ではなかろうか。

二〇〇八年のリーマンショックや二〇一一年の東日本大震災等の急激な外部環境の悪化、さらにはコーポレートガバナンスコードの導入等による経営に対するチェック機能の強化などもあり、さすがにどの会社も本当に手に負えない事業や機能、地域や製品群などにはそれなりに手を付けてきた。古くは総合電機メーカーがテレビ事業の垂直統合モデルを見直したり、デジタル化やコモディティ化によりコスト勝負になりがちなBtoC系事業で合従連衡を実施したのはその典型だ。こうした構造改革を実施して身軽になった分、主力となるコア事業に投資を回して成長させようという狙いである。

良くもなく悪くもない中庸な事業が足を引っ張る

いま問題となっているのは、仮に事業単位の収益性を偏差値化して正規分布を描くとすると、右側にある高収益事業群でも左側にある大問題事業群でもない、真ん中に挟まれた中庸な事業の扱いである。

便宜的に事業という言い方をしているが、いわゆる管理会計上の収益単位で、複数事業を展開する〝総合〟企業であるなら事業単位かもしれないし、単一事業体であるなら、地域単位、場合によっては顧客や製品単位という切り口であるかもしれない。いずれにせよコア事業でもないし、抜本的な見直しが待ったなしのダメ事業でもない、中途半端な位置付けの事業が社内にはたくさんある。

売上高でいうと数十億から一〇〇億、大きくてもせいぜい二〇〇億円ぐらい、かかわっている従業員数でいうと数十人から五〇〇人程度の中庸な事業がたくさんあって、良い年は利益が出ても数億円、悪い年はトントンか若干赤字になる。ここに暗黒のかたまりがあって、この中庸な事業に切り込んで構造改革を進められたかどうかで、V字回復を果たして上昇気流にうまく乗れたか、慢性疾患の状態で持続的な低収益構造のままだらだらと時間が経過してしまったのか、明暗が分かれたのである。

こうした事業を何も全部やめてしまえということではない。現在は中庸でもコア事業になくてはならない要素技術を持っている事業だってあるだろう、他社とのアライアンスなどによって大きく化ける可能性がある事業もあるはずだ。要は、伸ばすなら伸ばす、手を入れるなら手を入れる。このメリハリをつける必要があるのだ。

一番問題なのは、何もせずに放置しておくこと。毎年大赤字というわけではなく、年によっては多少の利益が出ているから一撃で命取りになるような影響を与えることはないが、一方で浮上するわけでもない。手を付けなければ、ずっと抱えたままになる。その結果、規模の大きな会社ほど、こうした中庸な事業が山ほどあって、これが低収益の主な原因になっている。目立って悪ければ会社としても手を付けざるをえないが、数字が中途半端で、黒字でも赤字でもたいした金額にならないので、積極的に切り込んで手を付けようとする動機付けがなかなか働かないのだ。

大企業が決算発表するときは、いくつかの事業セグメントに分けて発表することが多いが、ここで問題になるのは、たいてい「その他」のセグメントに分類されるかたまりだ。たとえば、部品メーカーの場合、自動車向け、産業機械向け、といった主要セグメント以外の「その他セグメント」の部分に、中庸な事業がごっそり入っていて、そこが問題なのである。「その他」だから注目されないし、優先順位もどうしても下がってしまう。

ところが、コア事業で営業利益を一〇〇億円出したとしても、残りの事業の細々とした数字を積み上げて数十億円の赤字になっていると、そこで相殺されてしまう。結果として、全体の利益率が数％に抑え込まれてしまうのだ。だから、ここにどう手を付けるかというのが一つのポイントになる。

将来の「儲けの芽」を摘み取る

もう一つ、低収益の状況においては、まずは手を付けやすい販売管理費、例えば出張回数を減らしたり、不要不急の経費を削ったりなどの雑巾絞り系のコスト削減に奔走することになる。しかしこれらの施策も大した効果は見込めないから、もっとまとまったロットのコストを抜くために、真っ先に目を付けられやすいのがR＆D（研究開発）部門である。しかも、コア事業の目先の製品開発や少し長い目線の先行開発は残しつつ、十年先を見越した基礎研究や、今の主力事業に紐付かない新たな要素技術開発など、緊急性の低い投資ほど先送りにされる傾向がある。

次にターゲットになるのは人材開発投資だ。これも基本的には不要不急のコストだから、見直しの対象になる。

しかし、R&D投資も人材開発投資も、将来のキャッシュフローを生む種である。それを削減するということは、五年後、十年後のキャッシュフローを先に摘み取って、今年の利益、今年のキャッシュにあてがっているようなものなので、中長期的にはボディーブローのように効いてくる。

別の見方をすると、R&D投資も人材開発投資もある意味「変動費」であり、これらのコストを削減したとしても事業構造自体が何ら変わるわけではない。本質的に事業構造に手を入れて「稼ぐ力」を強くするためには、固定費に手を入れない限りその効果は見込めない。しかし、固定費に手を付けるとなると、どうしても拠点の統廃合や事業の見直し、関連する人員削減という面が強く意識されるので、できれば避けたい。だから、反対されにくい変動費から先に削り、何とかしのごうとするのだが、そうなると中長期的な競争力が落ちていくという負の連鎖に陥ってしまう。

図3にある通り、日本のエレクトロニクス関連企業の投資水準は、海外勢に比してかなり低くなっている。将来へ向けた投資に力を入れるためには、やはり事業構造を

図2　将来利益の先食い

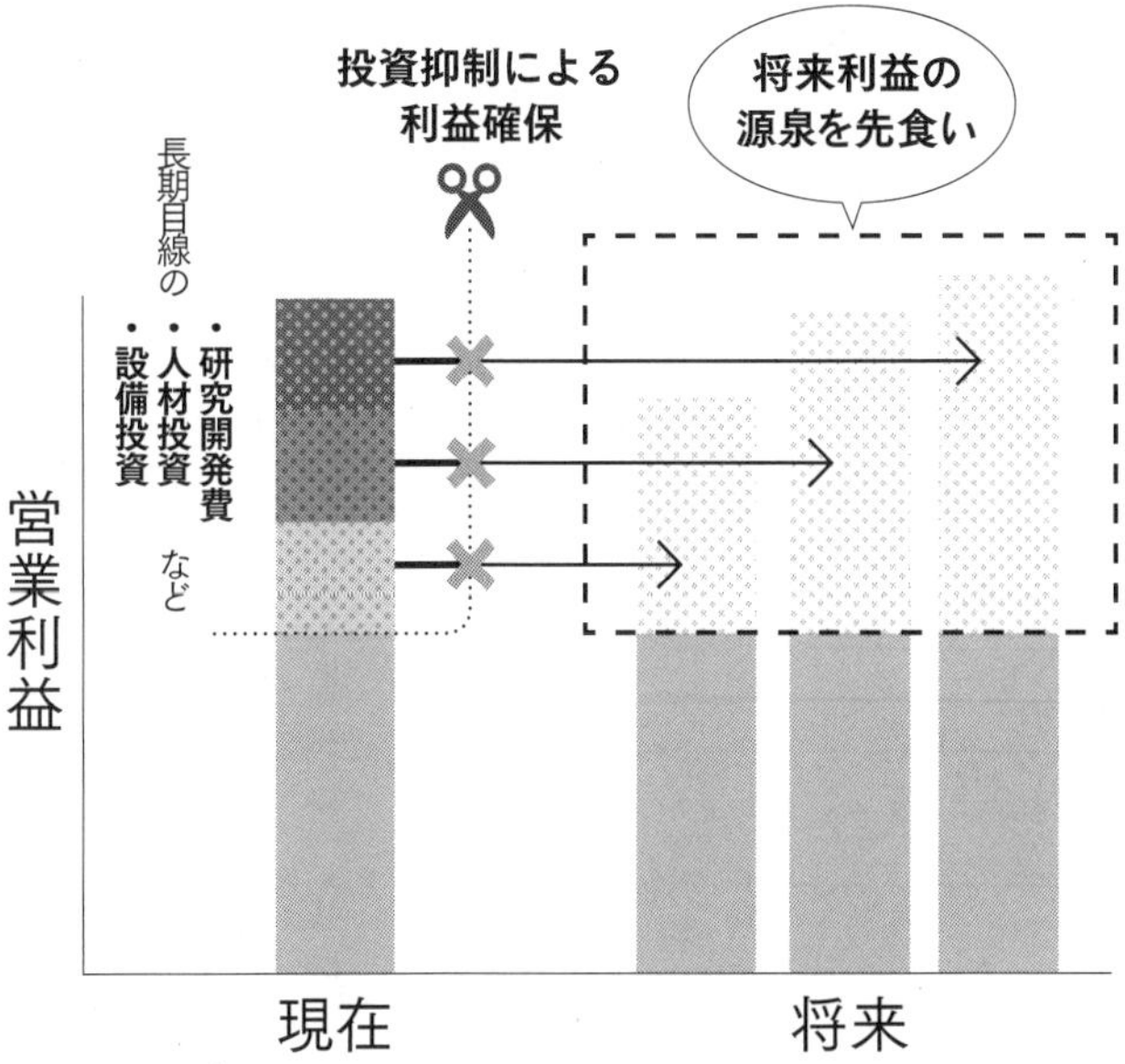
投資抑制による
利益確保
将来利益の
源泉を先食い
長期目線の
・研究開発費
・人材投資
・設備投資
など
営業利益
現在
将来

しっかり見直さなければならないのは自明だ。繰り返しになるが、何もすべてリストラすべきだと言っているわけでなく、何らかのメリハリを利かせた見直しを急げと言っているのみだ。

「改善」から「改革」へ、経営のしかたが変わった

では、どうすればよいのだろうか。右肩上がりの成長のときは、基本的には、昨日よりは今日、今日よりは明日を良くするという改善的な取り組みがきわめて有効だった。QCサークルのように、こうした改善活動は典型的なボトムアップで、現場で問題点を洗い出して積み上げ方式で改善していく。現場の生産性は日々改善され、気づけばかなりの固定費構造が見直され、結果として収益力強化につながってきたということになる。

ところが、今求められているのはこうした長い時間軸での現場発の〝活動〟の積み重ねではなく、「思い切った投資をするのか」「他社とのアライアンスを行うのか」「この部分はスピンオフしてコア事業・機能に特化するのか」といった〝判断〟、改善との対比で言うなら、「改革」ということになる。

図3 エレクトロニクス関連企業の研究開発費

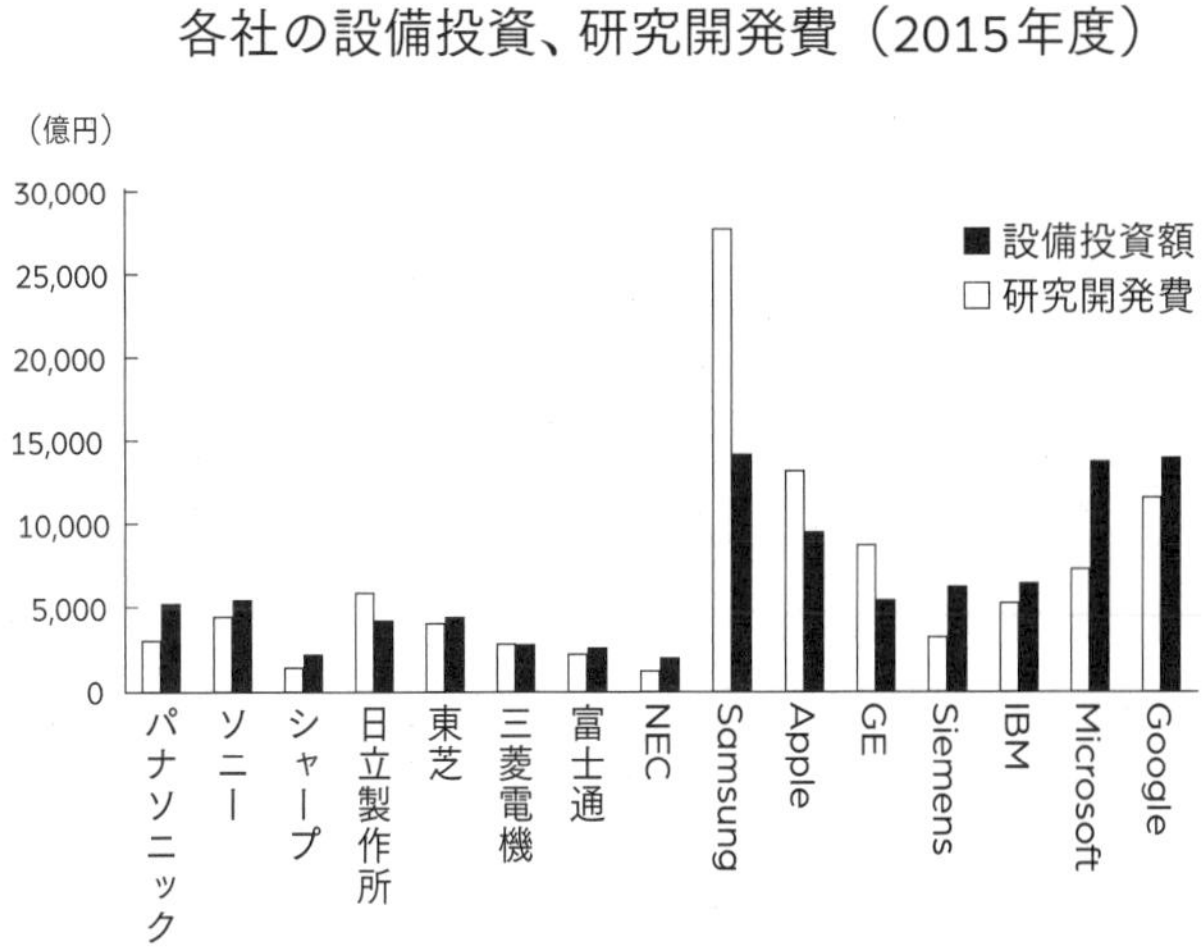

出所：経済産業省「事業再編について」（平成29年1月23日）より抜粋

日本企業は、海外企業と比較すると、
設備投資も研究開発も規模において低水準

昨日の延長線上で今日を良くする「改善」ではなく、昨日までのやり方を新しく変える「改革」では、非常に大きなストレスがかかるのは避けられない。人間に例えるなら、ダイエットのために毎食ご飯の量を七分目にしましょう、ということは比較的容易に実行できる。一方で、毎朝五時におきて三十分走るという、これまでの生活パターンをがらっと変える判断は、相当の負荷がかかる。仮に決めたとしても実行段階において、寝不足になったり運動不足の体に鞭打つことにより免疫力の低下を招き、かえって風邪を引きやすくなってしまうということが、初期段階には必ず揺り戻しとして起こる。

だからこそ本人の強い意志がない限り、その判断も実行も伴わない。話を経営に戻すと、改革はトップの強い意志で実行しなければならないというのだが、この本で取り上げている古くて大きな日本の会社は、もともとトップのひと言ですべてが決まり、動くようにはできていない。

トップダウン型でうまくいっているのは、ユニクロの柳井正社長にしても、日本電産の永守重信社長にしても、オーナー経営者である。オーナーが言うことと、いわゆるサラリーマン社長が言うことでは、影響力がまるで違う。

頭は走れと指令を出しても、足が重くて前へ進めない。人間の体と同じく、会社の現場にしてみれば、今日からいきなりやり方を変えてくださいと言われても、そんな面倒くさいことは誰もやりたくない。組織が古くて大きくなればなるほど働く慣性も大きくなるので、なかなか方向転換ができない。

読者の皆さんの中にも、特別権力関係のある上司の指示は一応聞くものの、動きはなるべくゆっくり、最悪のケースは〝やったふり〟でごまかすケースもあるのではないだろうか。

ミドルが質の高い情報を上に上げられるか

日本企業がもともと得意にしていた現場発の改善活動は、現場の意見をすり合わせながら、担当者間、部門間で調整しながら上に上がっていくという形をとっていた。会社規模がさほど大きくない、もしくは日本に閉じた段階ではそれがうまく機能したが、会社が大きくなってくると、組織が横に広がり、階層も深くなって、すり合わせにかかる時間がどんどん拡大し、すり合わせしきれないという問題にぶつかる。その結果、従来のボトムアップ型の意思決定に恐ろしいほどの時間がかかる、もしくは調整しきれなくなるということが往々にして起こり、機能しなくなる。

一方で、経営トップからすると、会社が大きくなるにつれて、自社のことは全部見えているようで見えていない。主力の事業や地域、自分の出身母体については、さすがに全部見えている。だから、経営トップは自分で判断を下すことができる。ところが、数字が小さい事業部や地域はどうしても目が届きにくくなる。「自分が直接見えているのは全体の四割から五割ぐらいだ」と吐露するCEOは多い。

しかしながら経営トップは、わからないならわからないなりに判断しなければならない。判断材料になるのは、間接情報だけである。その間接情報を出すのはミドルリーダーだ。だから、そこがうまく機能するかどうかが大きなポイントになってくる。

ミドルの人たちは、現場も見えているし、トップとも直接パイプがある。現場の一次情報もとれるし、経営の一次情報もとれるという恵まれたポジションにある。両方とも一次情報ベースで語れるのは、真ん中の人たちしかいない。

上の人たちが一次情報で見えている範囲は、よくて全体の半分だ。残りは二次情報ベースの判断しかできないので、両方見られるミドルの人たちがいかに質の良い情報を上げられるかが、経営判断に大きな影響を与えるのだ。

図4
複雑なすり合わせ

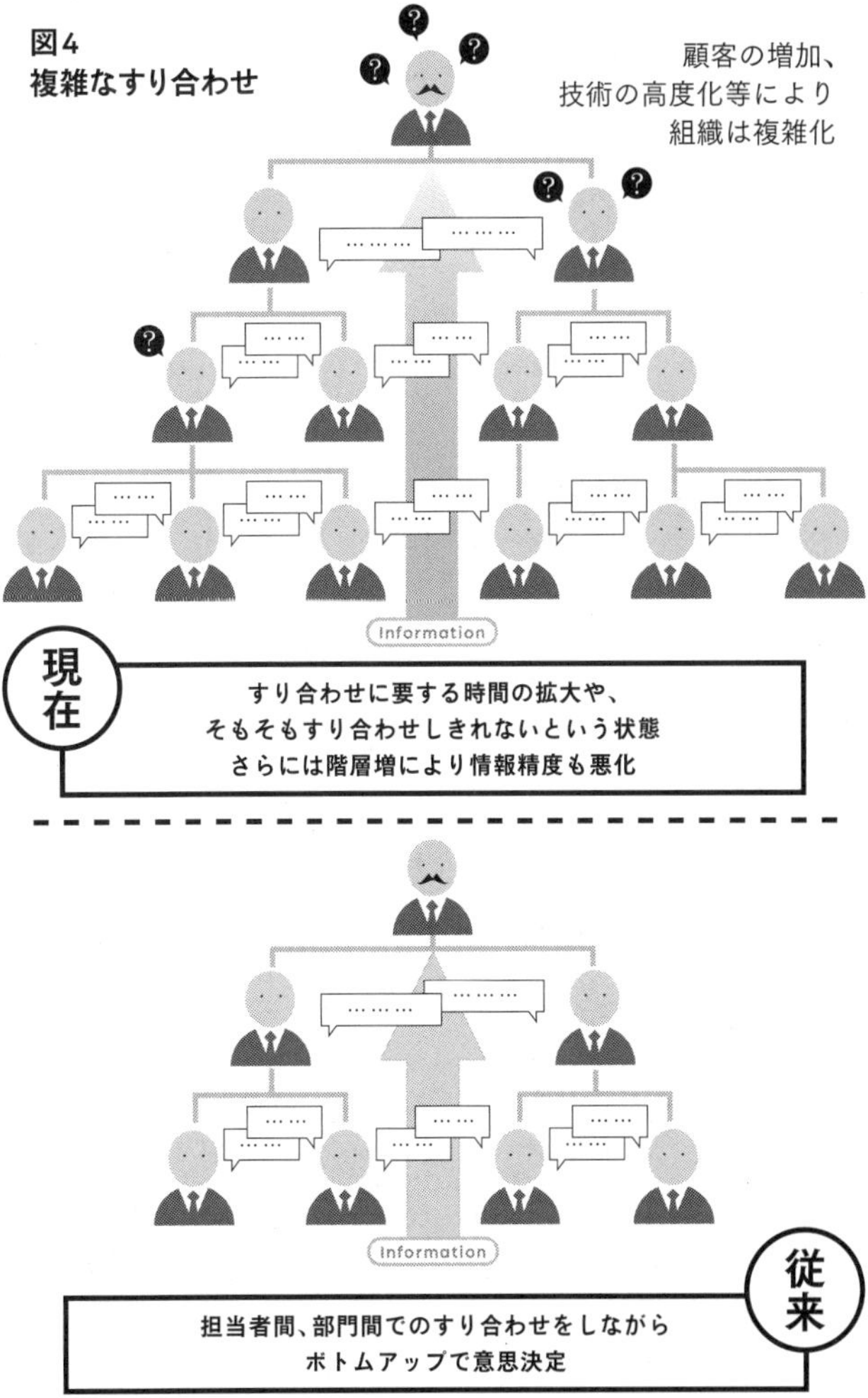
顧客の増加、
技術の高度化等により
組織は複雑化
Information
現在
すり合わせに要する時間の拡大や、
そもそもすり合わせしきれないという状態
さらには階層増により情報精度も悪化
Information
従来
担当者間、部門間でのすり合わせをしながら
ボトムアップで意思決定

現場は改革の最大の抵抗勢力

企業においては、経営トップが意思決定をしてから、取締役会で正式な機関決定が下され、それが現場に落とし込まれて実行に移るというプロセスを踏むが、オーナー企業では「意思決定＝機関決定＝現場の実行」と一瞬にして進む。要するに、親父がああ言っているんだからやらなきゃしょうがない、ということだ。だからこそ、オーナー企業は改革スピードが速い。

ところが、サラリーマン社長がいきなり「改革するぞ！」と言っても、さきほども言ったとおり、現場が言うことを聞いてくれるとは限らない。下手をするとクーデターを起こされて、社長を解任されるかもしれない。反対する役員をうまく巻き込んで、なんとか機関決定まで持ち込む、さらに現場に落とし込み目論見通りに動いてもらうというのは、相当の理論武装、準備や根回しが必要となる。首尾よく実行に移されたとしても、現状維持の慣性が働く現場は、面と向かって会社の方針を否定したりはしないが、消極的対応をとることで、時間ばかりかかって遅々として物事が進まないケースがよくある、その上短期的には、たいていプラス効果よりマイナス効果の方が如実に現れるので、その揺り戻しに耐えてやり抜く辛抱強さも必要となってくる。

優先順位の低い事業を改革できるのはミドルだけ

現場が抵抗するといっても、本当にダメな部門は現場も白旗を揚げているので、大胆にメスを入れられないわけではない。しかし、黒字と赤字を行ったり来たりするような中庸な部門は、仮に生活習慣病にかかっているという認識はあるにしても、いずれ死んでしまうというほどの現実感・危機感がないから抵抗するし、そもそも経営者の視野に入っていない可能性がある。

傍から見ていて気の毒になるのは、会社全体の業績が不調で厳しい状況にもかかわらず、個々の部門が「この投資を認めてください」「規定外ではありますが、特例でお願いします」と個別最適な案件を持ってくることだ。経営者はもっと全体のことをわかってほしいと思っているはずだが、現場で事業を預かっていて、市場も顧客のこともわかっているミドルが理論武装して持ってきたら、トップとしては、それを信じるしかない、判断材料がないからだ。

しかも、突出して数字が悪い部門ならいざ知らず、全体から見て数字的なインパクトがそれほど大きくないところだと、トップもあえて異論を挟む気にはならない。結局、中庸なところほど、手付かずのまま残ってしまうのだ。

経営上、もっと優先順位の高いところはいくつもある。中庸な事業は、すぐに手を付けなかったからといって、〝即死〟するわけではない。だから、優先順位はどんどん下がってしまい、それが積もり積もって収益力の低下につながってしまうのだ。そうした中庸な事業をきちんと議論のテーブルに載せて改革を進めていくには、情報を持っているミドルが動くことが大前提となる。経営トップには見えていないからだ。

ブライトサイドとダークサイド

日本の大企業の出世パターンを見ると、従来のいわゆるエリートコースは、主力部門や北米市場などを経験させて、経歴にできるだけ傷をつけずにピカピカに育てていくことが王道だった。

しかし、安全地帯でぬくぬくと育ち、減点されない人がトップとしてふさわしい時代は終わった。「改革」志向のトップを育てるには、「良い子」でいるだけではダメで、むしろミドルのうちにどれだけ清濁併せ呑む判断の回数を積み重ねてきたか、面と向かって反対派に立つ人、静かに抵抗してくる人たちを、自己の持つ組織上の権力だけに頼らずにどれだけ巻き込み組織を動かしてきたか、こうした厳しい経験を積んできたかが問われるようになったのだ。

そこで、将来のトップ候補であるミドルリーダーに向けて、日の当たる「ブライトサイド」だけでなく、普段はスポットが当たらないが、改革を最後までやり遂げるために欠かせない「ダークサイド」のスキルをまとめたのが、本書である。

ここで「ブライトサイド」のスキルというのは、論理的思考力だったり、財務や会計の知識だったり、営業・マーケティング系のスキルだったり、いわゆるMBAで基礎科目として学ぶようなスキルを指すが、それだけでは通用しない。こうした基礎スキルだけで組織が動かないのは、他でもないMBAホルダーのみなさんが実感していることである。

「安全地帯でぬくぬくと育ち、減点されない人がトップとしてふさわしい時代は終わった。」

経歴がピカピカの良い子ちゃんでいるだけでは、時に痛みを伴う「改革」を決めて実行していくことはできない。古いものをやめて新しいものに変えようというときに、ひずみが出たり、反対運動が起きたり、わだかまりが生じたりするのは当たり前で、そうしたものを乗り越えて人を動かす能力や、組織に対する影響力、空気を支配する力が求められる。切った張ったをやるためには、もっと泥臭いスキルが必要なのである。

そうした能力は、頭の回転が速い、数字に強い、説明能力が高いといった、一見してわかりやすく、目立つ能力と比べると日陰の存在とでもいうべき能力で、だからこそ「ダークサイド・スキル」と呼ぶのである。

ブライトサイドとダークサイドを別の言葉に置き換えると、「太陽」に対する「月」であり、「光」に対する「闇」であり、「表」に対する「裏」であり、「平時」に対する「有事」である。どちらが欠けても、真のリーダーにはなれない。社内のエリートと呼ばれる人たちの中には、表向きのブライトサイドの能力は際立って高いが、人心掌握力に欠けたり、社内の情報戦に弱かったりして、打たれ弱い人がけっこういる。それでは改革をやり遂げることはできないのだ。

図5 ブライトサイドとダークサイド

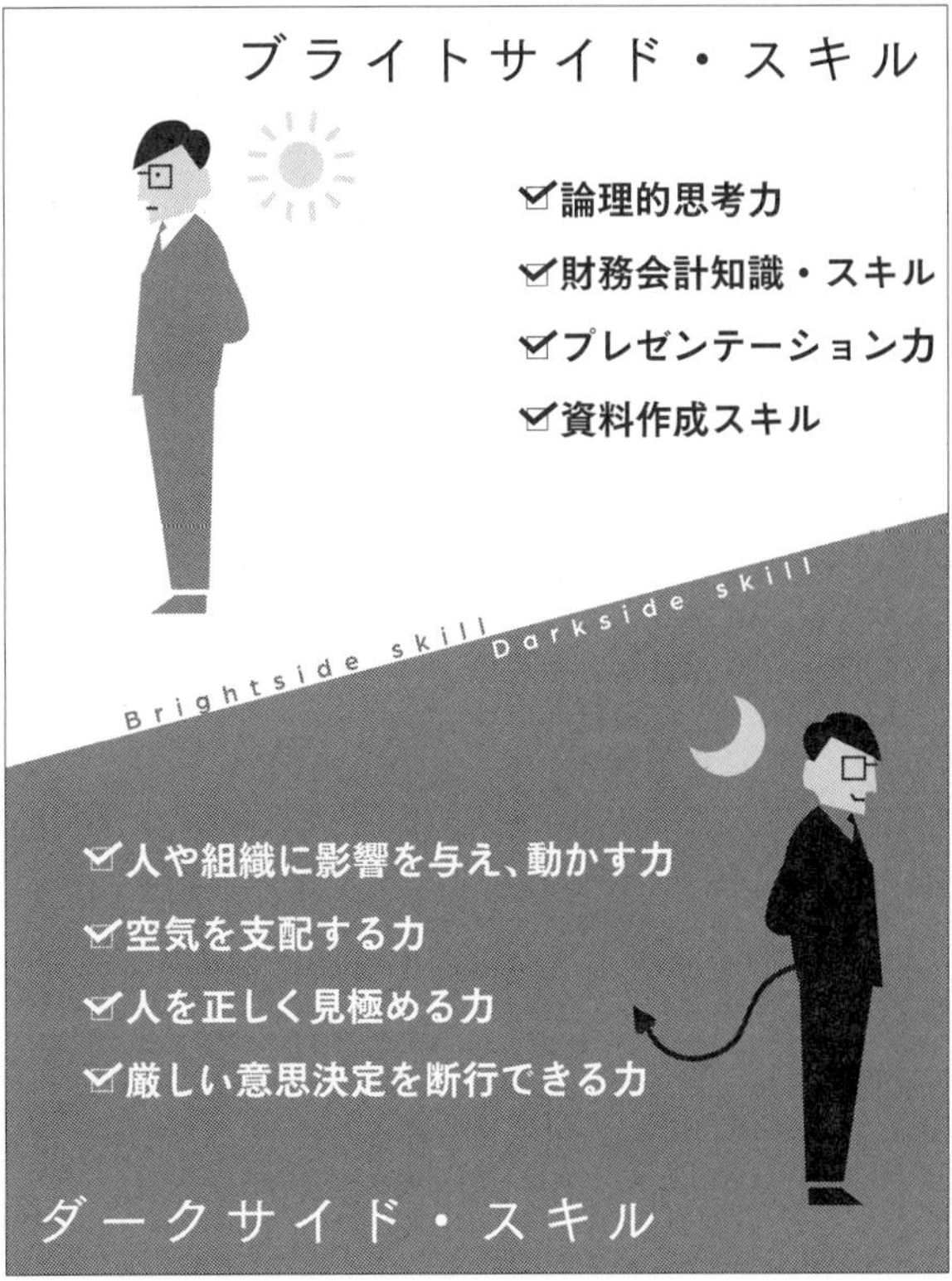

7つのダークサイド・スキル

DARK
SIDE
SKILL
Part.Ⅰ

DARK
SIDE
SKILL

Part. I

パート1では、ミドルリーダーに求められる
7つのダークサイド・スキルを紹介する。

その1　思うように上司を操れ
その2　KYな奴を優先しろ
その3　「使える奴」を手なずけろ
その4　堂々と嫌われろ
その5　煩悩に溺れず、欲に溺れろ
その6　踏み絵から逃げるな
その7　部下に使われて、使いこなせ

プロローグで述べたとおり、変化の激しい時代は
ブライトサイド・スキルだけでは生き残れない。
ぜひ、ここで取り上げる「ダークサイド・スキル」も
あわせて使いこなすことで、
変革を引っ張るリーダーになってほしい。

その1

思うように上司を操れ

ミドルがとりがちな意図的な情報操作

プロローグで述べたように、社長といえども、社内のすべての事業を見ることはできない。たとえば、図6のように、A、B、C、Dという四つの事業部があったとして、各事業部を日本、米州、欧州、中国・アジアなどの地域で切ったとすると、主力事業である「A」や、主力地域である「日本」については、さすがにだいたい見えている。だから、経営トップは自分で判断を下すことができる。ところが、規模が小さかったりノンコアである事業や地域はどうしても目が届きにくくなる。

こうした直接見渡せていない事業についてトップが正しい判断を行うためには、ミドルの人たちが正しい情報を上げることが求められるのだが、それを阻害する要因がいくつかある。

第4四半期に行われる次年度の予算策定会議の席で、毎年低収益に苦しむ事業部長に「来期こそは大丈夫です。大きな受注が見込まれています」と言って強気の姿勢を崩さない人がいる。だいたいBtoB系の事業で、上期は赤字、下期に大きな受注があるというテールヘビーの計画だ。毎期末に見られるこの〝ファイティングポーズ〟

図6 CEOが見えている範囲

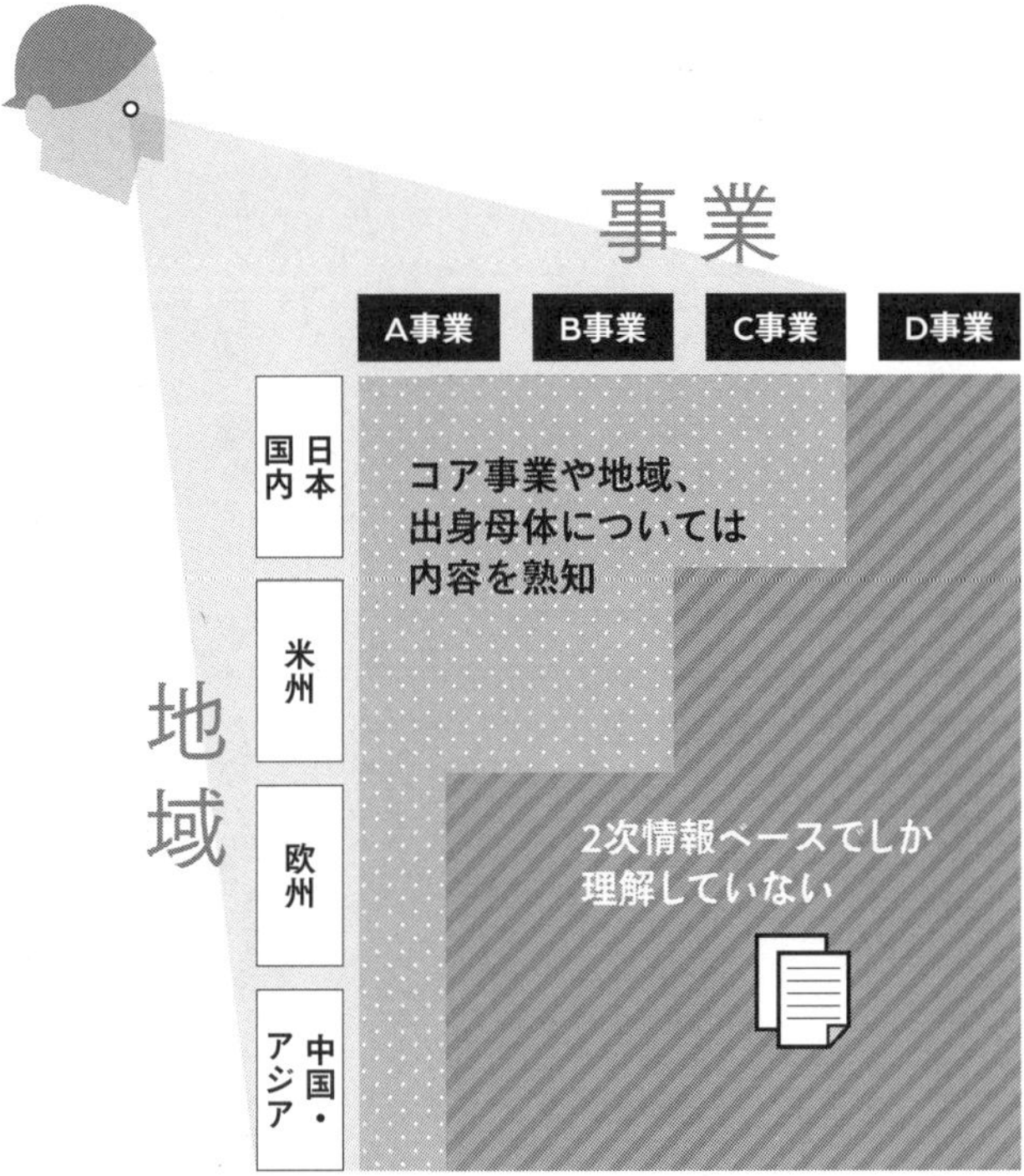

に対して疑いの目を持ったとしても、事業部の人にしかわからない精緻な分析とロジックに基づいているため、表立って否定することは非常に難しい。結果、誰も文句を言わないから、予算が承認される。

しかし、もともと予算会議をクリアするために相当に希望的観測を織り込んだ打ち上げ花火にすぎないわけで、実現可能性はきわめて低い。新年度に入ると、いつそれを白状しようかというチキンレースが始まる。

わりと臆病な人は下期予算見直しのときに「やっぱり今年もダメです」と言うし、本当に最後までもがく人は、三月決算の一月ぐらいまで引っ張っておいて、そこで爆弾を投下する。これが毎年繰り返される。

数字が足りないときに一番楽なのは、売上を盛ってしまうことである。予算を達成できないときに、コストを削ったり、人員削減を本社にお願いするのは、やはり大変だ。トップは現場から上がってくる情報を信じるしかないから、現場を預かるミドルとしては、「大丈夫です、第４四半期には売上が立ちます」と言って、その場を切り抜けたほうがはるかに楽である。しかし、もともと勝算のないところでいくら数字を盛っても、それが達成されるはずはない。その繰り返しである。

数字を盛りだすとキリがないとはいえ、現場にある程度ストレッチさせなければ、事業は成長できない。特に上場企業の場合は、トップが対外的にコミットメントする数値目標もあるため、予算の縛りはどうしても出てくる。そもそも、予算策定プロセスにおいて、最初に事業部が出してくる一次予算を積み上げても、全社目標には届かないケースがほとんどだ。

各事業部は達成可能なコンサバティブ（保守的）な数字を出してくるから、経営層からはもうちょっと上積みしろと求められる。それをやりすぎてしまうと、東芝の「チャレンジ」になってしまうが、かといってストレッチさせないわけにもいかない。このバランスをどうとるか。ブラックにならない形でいかにストレッチさせるかが、経営者の腕の見せどころでもある。

それとは逆に、先にダメな計画を立てておいて、確信犯的に後から大逆転というケースもある。

管理会計上の問題で、事業に紐付く直接コストとは別に、間接部門のコストである本社共通費が各事業部の売上や利益ベースで配賦されるケースがあるが、良い計画を持っていくと、自分のところに共通コストが厚めに配賦されてしまう。だから、あまり儲からない計画を立てておいて、どうにか（配賦コストの少ない）予算を押し通す。ところが、わずか一カ月前にはダメだと言ったのに、四月になるといきなり上振れする。共通コストが厚く配賦されていない分、非常に良い成果が出やすいのだ。

コミュニケーションを阻害する「相互不可侵条約」

こうした、部門の確信犯的な行動がなぜ毎期繰り返されるのか。その大きな理由は、他部門のことに口を出さない「相互不可侵条約」という暗黙の了解があることにある。

たとえば、予算会議で各事業部長がテーブルに並んで座っていたとする。ダメな事業部の毎年繰り返される「来期は大丈夫です」に対して、みんな頭の中では「またありもしないことを言って」と思っていても、絶対に口にしない。何か言ったら、自分のところの業績が悪くなったときに倍返しされるし、それ以前に、よそのことはどこ吹く風で、自分のところだけ良ければいいという人が大半だ。

カルロス・ゴーン氏が社長として来たばかりの頃の日産自動車では、「U字型コミュニケーション」が横行していたそうだ。要するに、部長が参加する会議の席では、部長同士が面と向かって「お前のところはなんだ！」とは言わないのだが、会議から帰ってくると、自分の部下には「あいつはまた言い訳ばかりで」と文句を言う。部長の愚痴が部下に伝達されていくと、一番下の若手レベルではまだ他部門の同期との連携が取れているから、「うちの部長、こんなことを言っていたらしいよ」と漏れ伝わり、それが言われた部門の上司にエスカレーションしていく。その様子を「U字型」と称したのだ。相互不可侵条約があると、円滑なコミュニケーションが阻害される。

ただ、一概にそれが悪いとは言い切れないのは、仮に私がある主力事業の事業部長だったとしたら、私の一義的な責任は、その事業を長期的視点から伸ばしていくこと、さらにはぶら下がっている社員や家族の生活を守ることにあり、全社のことは頭にありつつも自分の担当事業をどう伸ばすかということに意識を集中せざるを得ないからだ。要するに、他のことなど構っていられないというのが本音である。しかし、そこで終わってしまったら、同じことがずっと繰り返されることになるから、どこかでこれを断ち切らなければならない。

CEOに権力が集中したトップダウン型の組織では、仮にお互いのことには口出ししないという暗黙の了解があったとしても、ボスが「ダメ」と言えば、それで物事が決まってしまう。相互不可侵条約はサラリーマン型組織に典型的に見られる現象である。

「組織を自分の意のままに動かそうと思ったら、そういうパスを意図的に出せばいい」

情報の非対称性を利用する

ギリギリになるまでファイティングポーズを崩さず、最後は玉砕戦になるか。それとも先に無難な数字を出しておいて、後からそれをひっくり返すか。いずれにしても、事業を預かっているミドルがきちんとした情報を出さなければ、この状況は変わらない。

四割五割しか見えていない中で全体の意思決定をしなければいけないトップにとってみると、ミドルから出てくるパスで判断しなければいけないわけで、そのパスの出し方いかんによって、全社のかじ取りが変わってしまう可能性がある。

裏返して言うと、ミドルは組織を自分の意のままに動かそうと思ったら、そういうパスを意図的に出せばいいということになる。決めるのはトップだが、トップに材料を提供するのはあくまでミドルだからだ。ミドルが自部門のことだけを考えて、部分最適を狙ってしまうと、トップとしてはそれを防ぎようがない。トップとミドルには、手持ちの情報にはっきりとした違いがある。情報の非対称性をうまく使えば、上司を思うように操ることも不可能ではない。

トップとミドルの時間軸の違い

では、ミドルの人たちは自分のことだけ考えていればいいかというと、そんなことはない。トップとミドルでは時間軸が違うからだ。

社長や取締役などのトップマネジメントは、しょせんあと五年、長くても十年ぐらいしかその会社にいない。ところが、ミドルの人たちは、場合によってはあと十年、二十年、その会社で働くことになる。

トップマネジメントを巻き込んで会社の長期経営方針を議論しようというプロジェクトが立ち上がることがたまにあるが、たいていの場合、議論が盛り上がらずに終わってしまう。十年後にはおそらく会社に残っていないトップマネジメントでは、どうしても現実味を持った議論になり難いからだ。

オーナー企業の場合は、自分の代で失敗すると、そのしわ寄せが子どもに行ってしまうから、子どもにツケを回さないためにも長期的な戦略をわりと真剣に考えるが、サラリーマン型組織の場合、トップは世襲制ではないので、なかなかそうはならない。だから、あと十年、二十年、その会社で頑張る人たちが、現在の自分のポジションだけに目を奪われて、長期的な展望を持たないと、自分たちがしっぺ返しを食らう恐れがある。

いくら自部門がかわいくても、業績が悪いまま問題を先送りしていると、やがてそれが小さなケガでは済まずに致命傷になってしまうかもしれない。そうなると、困るのは自分たちだ。現在のトップは逃げ切れるかもしれないが、自分たちは逃げ切れない。長い時間軸で考えると、早めに手当しておくことに意味があるのは、むしろミドルの人たちなのである。

そのため、玉砕するまで感情的に引っ張らずに、どれだけ冷静に戦局を見通し、適切なタイミングで「ダメです」と言えるかどうかだ。しかし、それをみんなが参加している業績報告会議のような場で言ってはいけない。「弱音なんか吐かずにトコトン頑張れ！」とお叱りの言葉を頂戴するだけだ。表通りの日の当たる道を歩んできたブ

図7 社長の平均年齢

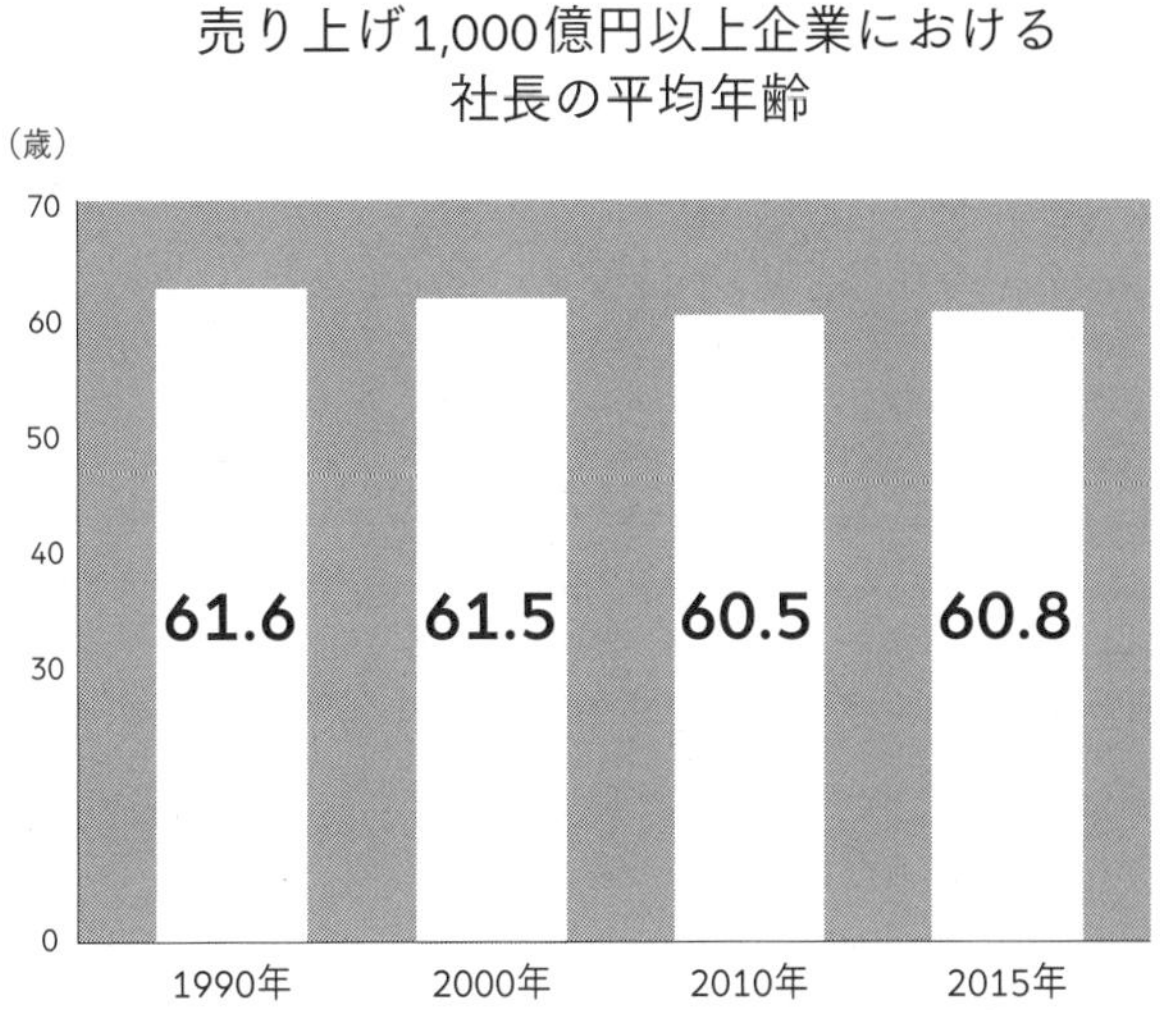

出所：帝国データバンク

**ここ25年間で社長の平均年齢に変化はなく、
依然として高齢**

「たとえ自分に不利な情報でも、上司には実情をわかっておいてもらう必要がある。」

ライト君が犯しがちなミスだが、ここは裏通りのダーク君の出番で、社長にこっそり耳打ちする。

「このままではマズイです。いくら手を尽くしてもこういう問題が間違いなく起きるから、早めになんとかしたほうがいいです」としれっと言えるかどうか。みんながいる場で「今年も赤字です。すみません」などと正直に口にしても、誰も評価してくれないが、たとえ自分に不利な情報でも、上司には実情をわかっておいてもらう必要がある。

ミドルの人たちに求められているのは、表向きはファイティングポーズを維持しつつ、裏で先を見通したネゴシエーションを進めておくしたたかさだ。自部門の数字が上がらないからといって、それを隠したままでいることのほうが問題だ。私が見てきた多くの例では、ギリギリまで隠し通して最後に玉砕してしまう人は、その段階で出世の道も絶たれてしまうことが多い。逆にいち早く適切な球出しを行った人は、多少の遠回りがあったとしても結果として自分の立場も守られるケースの方が多い。

現状を正しく把握して先を見通し、勇気を持ってそれを上司に伝えること。「今年の予算はなんとか通りましたが、このままいくと、二、三年後は正直厳しいです。今のうちに手を打ったほうがいいです」と言えるかどうかが問われている。弱音を吐くこととは違う、逃げることとも違う。本当に事業を理解しているからこそ、長い時間軸でどうやって生き残るか、勝ち抜いていくかの冷静なパスを、正しいタイミングで出すということだ。

社長を操ってリストラを成功に導いた部長

具体的な名前は明かせないが、いまにも潰れそうな会社で上司を使いこなして、改革を成功させた経営企画部長がいた。経営陣にしてみれば、できればリストラはしたくない。どうにか人員整理に手を付けずに、うまくやり過ごすことができないかという相談を受けたのだが、その会社の経営企画部長は物の見事に状況を把握して、自分でストーリーを全部書いて、「このままでは会社は潰れます」と社長に膝詰めで直談判して説得してしまったのだ。

現状では選択肢はこれとこれしかなくて、その中で優先順位をつけると、この順番で手を付けるしかない。そうしないと、破滅が待っている。他にも部長はたくさんいたが、みんな自部門かわいさの部分最適でしか物事を見ていないから、うちの部門は大丈夫だといったことしか考えていない。財務担当のＣＦＯは、最後は銀行に泣きつけばどうにかなると思っていた。他のミドルがみんな部分最適で問題を先送りしていたときに、見事に一人で大立ち回りを演じて、会社をガラリと変えていった。デキる人はいるもので、その人はその後、その会社の役員になっている。

もう一つ、事業が好調だったときにあえてリストラに踏み切った事業部長の例を紹介しよう。

その会社には複数の事業があり、いちばん好調で、稼ぎ頭の事業部長から「話を聞いてくれないか」という問い合わせがあったので、行ってみると、「いまは業績も良く見えるが、冷静に考えると、この事業は先がない。そうなると、会社的にもマズイから、いまのうちに手を打ちたい」という。そこで、その事業を他社との提携もふまえた先手の大構造改革を断行した。いい意味のリストラを業績が悪くなる前にやってしまったのだ。

社長にしてみれば、いちばんの稼ぎ頭の事業に手を付けるという発想がない。ところが、「このままでは五年後に大変なことになる。お金があるうちにやっておいたほうがいい」という相談を、花形部門のエース部長から直々にもらい、最後は社長が大英断をして改革を断行したのである。

その事業部は、相当に早い段階から事業構造を抜本的に変えたことによって、生き延びることができた。そして、その人は役員として会社に残った。儲かっているときに事業に手を付けるというのは、よほどのことがない限り、できないものだ。しかも、経営企画部などが言い出したのではなく、当の事業部長本人が言い出したというところにすごみがある。非常に印象に残る事例である。

前向きな「CND（調整・根回し・段取り）」とは

ミドルがトップを使いこなすには、調整・根回し・段取りを駆使する。それぞれの頭文字をとって「CND」。組織である以上、CNDはどこでもみんなやっている。

ただし、内向きの論理だけでCNDをやっても意味はない。経営会議の席で社長から「ダメじゃないか」と叱責され、後から「いや、社長、あれは実は……」と言い訳

「ダークサイドのＣＮＤは、きちんと稼ぐための調整・根回し・段取りである。」

をするように、自分を正当化するため、保身のためのＣＮＤは、何の価値も生み出さない。それではただのブライト君で終わってしまう。ダークサイドのＣＮＤは、きちんと稼ぐための調整・根回し・段取りである。外のお客さんからどうやって仕事を取ってくるか、自分たちが付加価値を生むことについては、積極的にＣＮＤを仕掛け、上司を思いのままに操るくらいの心意気が必要なのだ。

改革派のトップがつまずく原因

一方、改革派のトップが旗振り役となってさまざまなプロジェクトを社内で立ち上げたとしても、社長自身がいちいちすべてのプロジェクトリーダーをやる時間はまったくないので、たとえば経営企画部の部長に「これ、やっておいてね」と落とし込む。ところが、任された現場にやる気がないと、まったく動かない。やったふりはするのだが、改革が遅々として進まないということが往々にして起きる。特にプロジェクトを推し進める上で、さまざまなリスクがあるケースがそうだ。あえてリスクを取って派手に失敗するより、やったふりをして適当にお茶を濁しておいた方が大きなバッテンはつきづらい。

トップはすべての戦争で自分で陣頭指揮をできるわけではないし、一次情報が入ってくるわけでもない。繰り返すが、二次情報をもとに間接統治するしかないので、ある意味手足を縛られた状態で事業運営を行うことになる。だから、現場で働く人たちがトップの意を汲んで動いてくれないと、改革はうまくいかないのだ。

しかし、改革が失敗したときの責任はトップにある。ステークホルダーに責任を追及されるのは、自分なのだ。だから、「現場が抵抗勢力だ」と言う社長の気持ちはよくわかる。自分の意のままに動いてくれるミドルがいかに貴重な存在か。逆に、ミドルからすると、自分の思いのままにトップを動かすチャンスがそこに転がっていることになる。そこには、ある種の緊張関係がある。トップとミドルがなあなあの関係でいいわけではないのである。

だからこそ、トップが十年後の未来のことにリアリティを持てないようなら、長期的展望を持ったミドルの人たちが、トップをそちらの方向に動かす必要がある。

どの会社にも、問題意識を持った志の高いミドルはいるので、そういう人たちを中心に仲間を募って、十年先の議論をひそかにしていたりする会社もある。そうした動きをどのタイミングで、どうやって表面化していくかは会社の状況によって異なるが、平場ではできない議論を普段から裏でやっているからこそ、いざというときに改革を前進させることができるのだ。

ダーク・リーダーをきちんと評価しよう

ミドルの人たちがファイティングポーズを崩しにくいのは、自部門の業績と個人の評価が紐付いているからでもある。要するに、業績を伸ばした人は当然評価されて昇進するが、撤退戦を戦って上手に手仕舞いした人も同じように評価に値するはずなのに、「(業績数値としての) 結果を出していない」とみなされてしまう。

しかし、激動の時代には、保守本流のエリート街道を歩んできた人よりも、名門日立再建の立役者である川村隆元会長のように、わりと傍流で、事業の撤退戦や子会社の経営再建を経験した人のほうが、強いリーダーになる可能性が高い。

日本企業の人事評価はたいてい減点主義で、失敗するとマイナス評価になってしまうので、とにかく失敗しないよう、地雷を踏まないようなリスクを避ける文化がはびこってしまっている。だから、経歴にキズがつきにくい主力事業や、北米担当が出世の王道になりがちなのだ。

ミドルの人たちの奮起を促すためには、こうした人事評価システムを見直す必要がある。表通りのブライトサイドだけを歩んできた人では、激動の時代の舵取りは困難なのである。

その2

ＫＹな奴を優先しろ

飛び交う「空中ハンコ」

会社で稟議をあげて最終的に社長決裁をもらうとき、そこにハンコがいくつ押されるか。課長から始まり、部長の確認をもらって……とハンコを押す欄が並んでいるのだが、よくありがちなのは、次の欄の部長のハンコをもらう前に、隣の部門の課長にも筋を通しておかないと、後から「おれは聞いていないぞ」と怒る人がいたりして調整がむずかしくなるから、一応お伺いを立てておくというプロセスが入るのだ。いわゆる「空中ハンコ」という奴だ。

空中ハンコまで勘定に入れると相当な数になるので、たとえば経営企画部と呼ばれる部署の仕事の大半は、内部調整ばかりということになりがちだ。

読者の人たちにはぜひ我が身を振り返ってほしいのだが、今年に入って社外の人と何枚くらい名刺交換しただろうか。対外的な交渉がほとんどない部門は別として、基本的に外部とコミュニケーションを持ってしかるべき部署にもかかわらず、交換した名刺が数枚しかないということになると、それは外部から付加価値を取り込むための活動が十分にできていない証左である。組織を動かすには調整・根回し・段取りの

図8 空中ハンコ

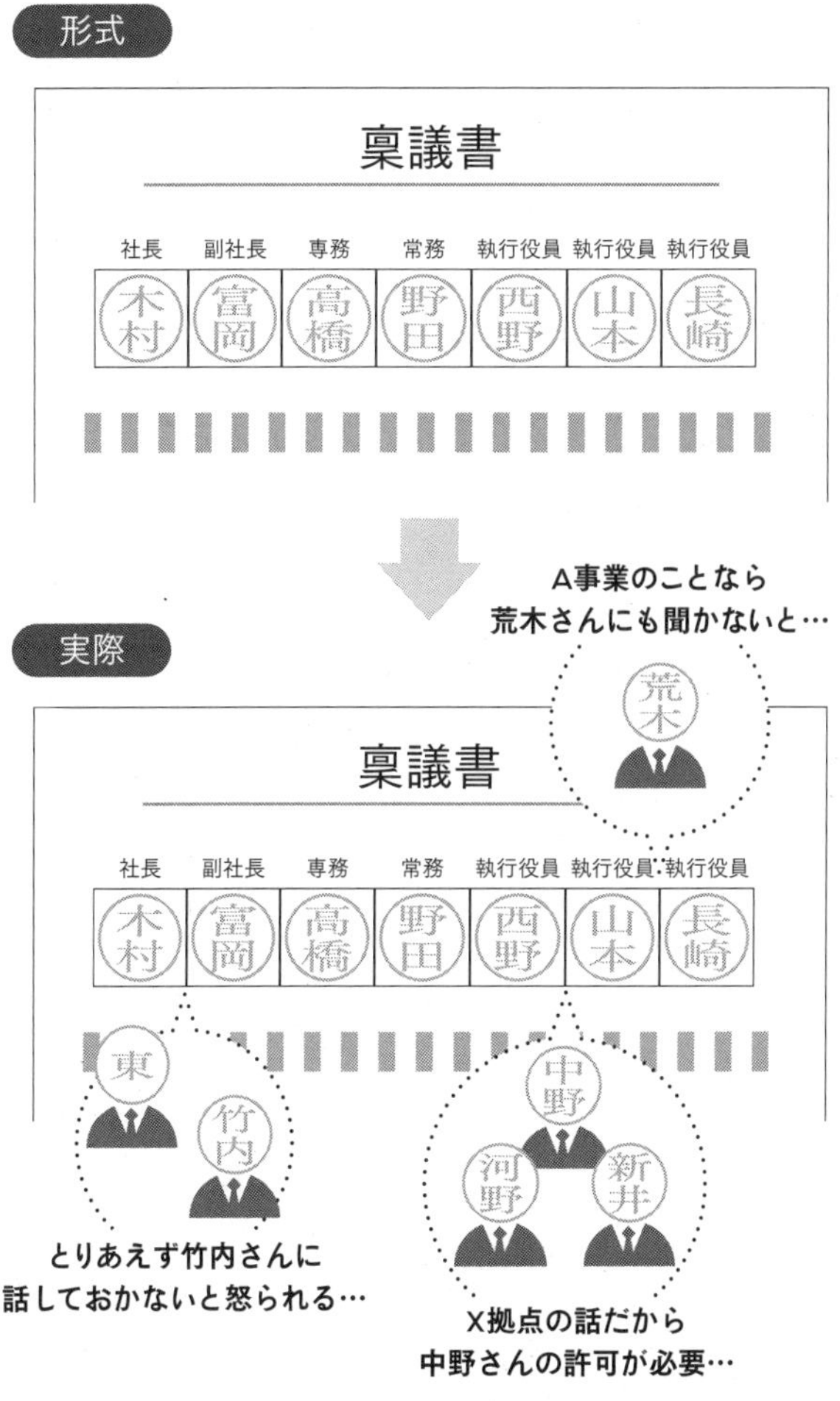
形式
稟議書
社長 副社長 専務 常務 執行役員 執行役員 執行役員
木村 富岡 高橋 野田 西野 山本 長崎
実際
A事業のことなら
荒木さんにも聞かないと…
荒木
稟議書
社長 副社長 専務 常務 執行役員 執行役員 執行役員
木村 富岡 高橋 野田 西野 山本 長崎
東
竹内
中野
河野
新井
とりあえず竹内さんに
話しておかないと怒られる…
X拠点の話だから
中野さんの許可が必要…

ＣＮＤは必要だが、付加価値を生まない社内調整ばかりやっていても、仕事をしたことにならないのだ。

私の尊敬する経営者の一人に、ＪＦＥホールディングス元社長の數土文夫氏がいる。彼は常々、部下に対して、「皆さんの今日の活動は、ＰＬのどこに紐付いているのか説明できますか」と叱咤激励していたそうである。要するに、売上を上げるための活動、コストを下げるための活動、このどちらでもなければ、その日一日の活動は付加価値を生んでいないということになるとの意味だそうだ。

外部接点が一番多いはずの営業の方々のうち、いわゆるルート営業で、同じ会社を行ったり来たりするだけで営業活動が完結してしまう人たちに話を聞いてみると、一年間に交換した新しい名刺は数枚しかないという人が少なくない。もちろん、ルート営業が全役割ということであれば別ではあるが、仮に新規開拓のミッションを多少なりとも負っているとするなら、それはルート営業の閉じた世界の中だけで安住してしまっていると言わざるをえない。

あうんの呼吸ですべて解決する組織

いつも同じような顔ぶれだけを相手にしていれば、結果的に、どんどん同質化が進んでしまう。日本のメーカーが得意としてきた「すり合わせ」は、別の言い方をすると「あうんの呼吸」である。あうんの呼吸で何も言わなくてもお互いにわかり合えるから、「みなまで言うな」というのが「すり合わせ」企業の文化になる。

たとえば、課長の下に三人のメンバーがいたとして、この三人がちょっとハードルの高い案件の承認を課長からもらわなければならない状況を思い浮かべてほしい。朝出社したときに、課長の顔色を見て、機嫌が悪そうだなと思ったら、「今日はこの案件を持っていくのはやめよう」ということを誰も口に出さなくても、お互いに目を見ただけで全員即座に理解する。ずっと同じメンバーで仕事をしていると、同質化が進んでわざわざ説明しなくてもわかり合えるようになる。

同質性にはいい面ももちろんある。言わなくても伝わるから、コミュニケーションがすごく楽なのだ。しかし、そこからはみ出した人を排除する傾向がどうしてもある。

たとえば、毎月開催される経営会議に新任の役員が数名入ってきたとする。このうち一人はやる気満々にすべての案件に突っ込みを入れていたのだが、いつのまにか飛ばされていたりする。なかには建設的で意味のある発言をしている場合もあるのだが、外した質問や重箱の隅をつつくようなことも多く、いずれにせよ場の空気を乱すことには違いない。そのため、どこかで自浄作用が働いて、そういう大きな声の人が地方に飛ばされたり、海外に出されたりして、知らないうちに姿を消しているというケースがよくある。

説明するのはムダなのか？

同質化していくとコミュニケーションコストは下がるものの、ものの見方まで同質化してしまうので、新しい発想はなかなか出てこないし、あえて場を乱すことは口にしなくなってしまう。みんな心の中では「さすがにそれはダメだろう」と思っていても、「それを言っちゃおしまいよ」という空気が支配するから口に出せない。部門同士の相互不可侵条約のような現象が起きてしまうのだ。

この関係について、ハーバードビジネススクールの講義で明快な解説をされていたので、そのまま紹介したい。三人の考え方を三つの円で表すと、同質性というのは、三つの円が同心円状に重なった状態だ。ズレがないから、コミュニケーションは簡単だし、意思決定も素早くできる。

一方、多様性というのは、三つの円がズレていった状態だ。こうした状況において、三人が納得する〝落としどころ〟は三つの円の共通集合部分のみとなる。しかもこの重なりの部分は同心円よりはるかに小さいから、コミュニケーションをしっかりやって、重なっている部分を見つけなければいけない。あうんの呼吸が通じないから、コミュニケーションコストも、マネジメントコストも上がる。要するに、面倒くさいのだ。

多くの会社でダイバーシティ推進を進めているが、このように短期的には非常に手間のかかる状況に陥る。たとえば、日本企業のどこかの部に、新しく若い外国人が入

「多くの会社でダイバーシティ推進を進めているが、このように短期的には非常に手間のかかる状況に陥る。」

ってきたとする。よくありがちなのは、部長が何か言うたびに、その外国人が真剣に「WHY?」と聞いてくるというケースである。日本人同士なら、新卒二年目の社員がいちいち部長に「なぜですか?」と聞いてきても、「うるさい、黙ってやれ」でおしまいになるところが、相手が外国人だと、「WHY?」と聞かれたら、答えなければ動いてくれない。これが部長には、すごく面倒くさいのだ。

言わなくてもわかる「あうんの呼吸」で育った人には、いちいち説明すること自体が時間のムダでもあり負荷以外の何物でもなく思えてしまう。だから、放っておくと、同質性のほうに戻ってしまう。

しかし、円が完全に重なった同質性の世界からは、多様な意見は出てこない。この短期的な非効率さを抜けた先に待っているのは、三つの円の全部を使った多様なものの見方である。つまりは、三つの円の共通集合部分だけでなく、全体の面積を使えるようになるから、意思決定の幅が広がるのだ。

そもそも、イノベーションというのは、三つの円が重なった部分から生じるものではない。みんなの意見を集約して出てくるのは、ありきたりの発想であって、斬新なアイデアというのは、重なっていない周縁部分から出てくるものだ。

組織というのは、放っておくと、心地良い同質性の世界に戻ろう、戻ろうとする圧

図9 同質円と多様円

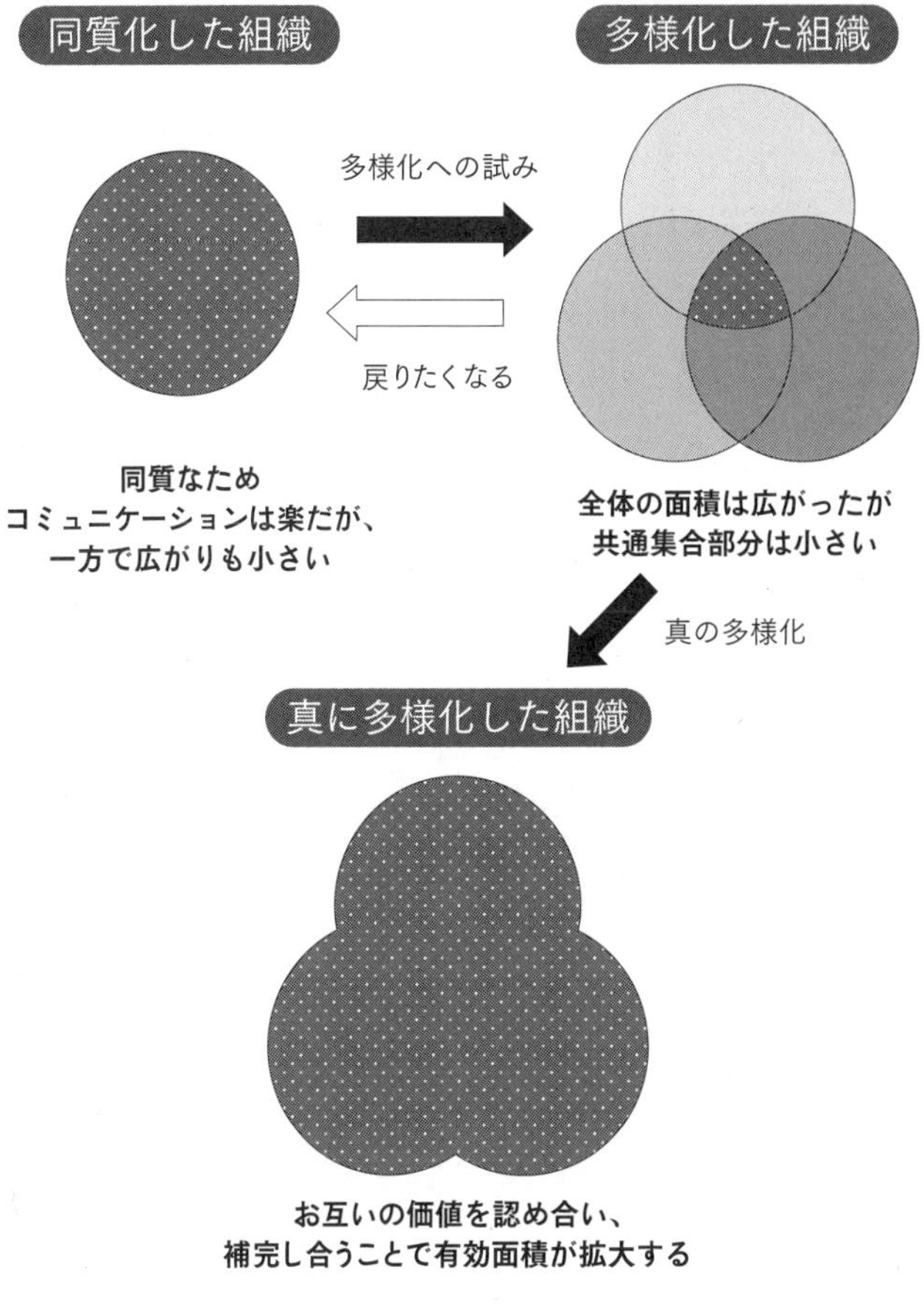
同質化した組織
多様化した組織
多様化への試み
戻りたくなる
同質なため
コミュニケーションは楽だが、
一方で広がりも小さい
全体の面積は広がったが
共通集合部分は小さい
真の多様化
真に多様化した組織
お互いの価値を認め合い、
補完し合うことで有効面積が拡大する

出所：ハーバードビジネススクール（AMP）講義録

力が働くので、どれだけ踏ん張って多様性を維持できるか。それがミドルに求められている役目なのである。

KYな部下を育てる

現場を預かるミドルが、自部門にどれだけ多様性を持たせられるか。私は多様性とは、何も外国人や女性の活用ばかりを指すのではなく、組織の中の大多数を占める新卒入社のプロパー社員の中に、どれだけ堂々と他とは違った意見を言う人間がいるか、そしてこうしたKYな人間をどれだけ許容できるかということだと考えている。

同質化した組織では、空気を読まず、時には反対意見を堂々と述べる人間ほど、組織の（悪い意味での）自浄作用が働いて排除されがちだし、なにより、そういう部下を持ったミドル本人の負担が大きくなる。それでも、そういうKYな発言をどれだけ拾えるか、どれだけ許容できるかという器の大きさが求められているのだ。

逆にいうと、組織である以上、どうしても同質化の圧力がかかり続けるから、自分に対してお伺いを立ててくる部下を持ち上げるのでなく、むしろ積極的に「バッ」をつけていく。KYな人間を優先するには、それくらいの準備が必要なのだ。

そのために重要なのは、上司が自分で答えを言わないことだ。上司としても忙しいので、何か聞かれたときに一番楽なのは、答えを言うこと、指示を出すことであるのは間違いないが、先に答えを言ってしまうと、部下はそこにすり寄ってきてしまう。上司の発言によって下の人間はどうしてもバイアスがかかるから、バイアスをかけずに思ったことを言わせるためには、「○○さんはどう思う?」と粘り強く問い続けることだ。自分のほうが職務経験が長いし、答えはわかっているかもしれないが、面倒くさくても「これをやっておけ」と言うのをグッとこらえて、部下に言わせる。そこを我慢できるかどうかで、KYな人間が育ち、上司の顔色をうかがわずに、自由にいろいろな意見を言える文化ができるのだ。

「KYな発言をどれだけ拾えるか、どれだけ許容できるかという器の大きさが求められている」

担当役員をすっ飛ばしてトップとダイレクトにつなげる

KYな人間をうまく活用した事例としては、日産自動車のクロスファンクショナルチーム（CFT）が参考になる。

カルロス・ゴーンさんが一九九九年に日産に来たとき、部門の垣根を取り払ったCFTをつくって問題解決をはかったことは知られているが、CFTが最初から機能したわけではない。大きな組織なだけに、部分最適のセクショナリズムが横行していて、一つのCFTに八人ぐらい各部門から集まってくるのだが、それぞれ部門の利益代表という意識が強く、部門同士の罵り合いから始まったそうだ。

では、どうやってそれを機能するようにしたかというと、一つには、たとえば生産に係るCFTのレポートを生産担当役員に提出するのではなく、ダイレクトにエグゼクティブ・コミッティに提出するようにしたのである。要するに、担当役員も部分最適になっているから、それをすっ飛ばしてトップに直にレポートを上げるようにしたため、担当役員から横槍が入るのを防ぐことができ、風通しがよくなって、わりと何でも言いたいことが言える体制ができたのだ。

また、ゴーンさん本人の働きかけも強かった。CFTのメンバーを集めて、とにかくこのチームの働きが重要だと熱く語り、なかには本当に涙を流す人もいたそうだ。トップの継続的なコミットメントほど、現場のチームを勇気づけるものはない。

もう一つは、メンバーの年齢である。全員四十代の課長クラス。二十代、三十代だとまだ全体を見るだけの経験が足りない。かといって五十代の部長クラスになると、あちこちにしがらみがあって身動きが取りにくいし、十年先、二十年先のことはあまり真剣に考えられない。その意味で、四十代というのはちょうどいい年齢なのである。

部門内で同化現象が起きるのは避けられない。研究開発部門の中で同化が起こり、製造部門の中で同化が起こり、販売部門の中で同化が起こる。だから、日産は部門横断的なCFTを仕組みとして導入したわけだが、それと同じことが会社全体でも求められている。

社外取締役を複数名置くことを定め、二〇一五年に整備されたコーポレートガバナンス・コードは、マネジメントボードに異質な空気を入れる仕掛けである。次の仕掛けとしては、現場レベルにいかに異質な空気を入れていくかということである。いちばんわかりやすいのは、女性の管理職登用率何%以上という目標を掲げることだが、本質的には、性別や国籍にとどまらず、異質な意見を言える人をどれだけ抱えられるかということだ。

自分がKYになる

部下にKYな人間を抱えておくのと同時に、時には、自分もKYな発言をしなければならないときがある。KYになるというのは、ある意味、自分の意見を押し通すことなので、たとえば社長の顔色をうかがってお伺いを立てている時点で、KYになり切れていない。社長が「右」と言ったときに、「右にならえ」をするのではなく、自分が左だと思ったら「私は左だと思います」と言えるかどうか。

もちろん、同じKYでも、いいKYと悪いKYがあって、なんでも無邪気にKY発言を繰り返していると、さすがに自分の立場が怪しくなる。要は、言い方とタイミングの問題で、CNDで事前にどれだけ調整・根回し・段取りしていたかで勝負は決まる。あらかじめ社長にこっそり耳打ちしておけば、一見KYな発言でも、無視されたり、却下されたりすることにはならないものだ。

いったん「あいつはそういうやつだから許してやれ」という空気をつくってしまえ

ば、堂々と正論を述べることができる。ダークサイド・スキルとしては、そういう立ち居振る舞いができるように、普段からCNDをしておくことが重要なのだ。

KYな外国人を使いこなせるか

KYな人間でも活躍できるのは、多様性のある組織である。組織の多様性は現場だけでもトップだけでもダメで、両方とも必要だとある社長が言っていた。上も本気、下も本気で取り組むからこそ、自由に発言できる文化ができるのだ。

トップの多様性はボード改革、つまり社外取締役をいかにうまく活用できるかである。現場の改革では、ダイバーシティの度合いをはかるKPI（モノサシ）として女性の活用などがよく用いられているが、先ほども述べたように、たとえ女性や外国人

「そういう立ち居振る舞いができるように、普段からCNDをしておくことが重要なのだ。」

が部署内にいようとも、同質性の罠にはまっているとしたら、それは多様化した組織とは言わない。KY度を定量化して評価するのは難しいことではあるが、例えば自分の部下が自分に対してどれだけ反論を言ったか、その回数や頻度などのほうがむしろKPIとして向いているかもしれない。

また、古くて大きな会社でありがちなのは、職場に外国人が来て、会議で無邪気にKY発言をしていると、その場ではみんな「そのとおりだ」と同意しているように見えて、実際には、裏で日本人だけが集まって物事を決めている。その意味で、単純に外国人の数を増やせばいいかというと、そうではない。KYな発言を受け入れる文化がないと、組織の多様性は維持できないのだ。

日本人による日本人のための企業統治、うがった見方かもしれないが、この背景には、〝日本人最強説〟があるのだと思っている。要は日本人同士の「あうんの呼吸」をベースとした現場発のすり合わせで改善を積み重ねることで、世界チャンピオンになれた栄華である。

しかしながら現在は、これのみでは通用しない分野が多数を占める。たとえば、AI（人工知能）の最先端の研究をしている日本人はごく一部にすぎない。スタンフォード大学やMIT（マサチューセッツ工科大学）のトップティアの研究者に来てもらおうと思っても、風通しのよい、自由な発言ができる文化がなければ、そもそも来てくれない。グローバルレベルの優秀なタレントは、選択肢をたくさん持っている。その中で、日本企業を選んでもらうためには、ある程度放置して、なんでも自由にやっていいというくらいの度量の大きさが必要だ。

不幸なのは、せっかく優秀な外国人のエンジニアを雇ったのに、使いこなせないケースである。頭脳明晰ですごく優秀なのはわかるが、日本語はたどたどしくて、コミュニケーションもうまくできない。雇われた側にしても、自分の知らないところで日本人だけで物事が決まっていくから、自分のことを評価してくれているのかわからないし、結局、たいした仕事をさせてもらえず、お互いに不幸に終わってしまうことがよくある。こうした文化の相違は、思った以上に本質的で、根深い問題なのである。

大本営オペレーションでは多様な世界を相手にできない

グローバル展開している会社も、基本的には本社で決めたことを世界に展開する「大本営オペレーション」になっていて、ローカライズがあまり進んでいない。一時期、現地の駐在員の間で「OKY（お前がここに来てやってみろ）」という言葉が流行ったが、現地の事情も知らないまま、本社の一方的な命令で物事が動くほど、単純ではないということだ。グローバル化が進んで、日本人の同質的な物の考え方だけでは、勝負できなくなってきているのである。

いま、アジアが大きなマーケットになっているが、「アジア」とひとくくりにしても、実はほとんど役に立たない。中国とベトナムでは事情が違うし、タイとインドではニーズも違えば国民性も違う。多様な世界を相手にビジネスを展開するときに、日本人だけの同質的な考え方だけでは対応しきれないのだ。

たとえば、インド市場に製品を投入するときは、値段は安いかわりに、品質も機能もそこそこのローカルメーカーと競争することになる。先進国向けの品質も機能も高く、その分価格も高い製品は、あるー定のハイエンド対象にはなるが、マスマーケットではまったく勝負にならない。そのため、現地の子会社にしてみれば、ある程度機能と品質を落としてでも価格面でローカルメーカーに対抗していかなければ勝負にならないことがわかっているから、そういう要望を本社に投げてよこすのだが、たいてい本社の品質保証部が首を縦に振らない。「我が社のブランドでそんな安直な製品を出すのはまかりならん」というわけだ。

日本のブランドがついている限り、粗悪品は出せないというのも一理ある。本論から少し外れるが、日本企業のチャレンジは、価格と機能はローカルメーカーと同じ水準まで落として、品質の良さは日本基準というつくりこみがいかにできるかということだと思う。それこそ、現状延長の〝改善〟の先にその答えはなく、設計のやり方、モノのつくり方まで、〝改革〟視点で取り組まない限り、なかなか解はないだろう。第一歩として、大本営が決めたことを踏襲するのではなく、現地の物の考え方なり、ニーズなりを受け入れて、それに沿った形で製品を展開する。そのためには、多様な意見を吸い上げる文化が不可欠なのである。

私は二十代の頃、大のアメリカ車マニアだった。長さ五メートル超、幅二メートル超で、左ハンドルの大型車は私にとって憧れであったが、日本の道路事情にはまったく合っていなかった。一九九〇年代半ばから、GMやフォードも日本市場向けの戦略的小型車を多数投入したが、私の見る限りやはり日本人のきめ細やかな感性にはフィットしなかったように思う。

現在、日本企業がアジア各国の市場に対してしているのは、それと同じことではないだろうか。

その3

「使える奴」を手なずけろ

「借り物競走」戦略をとる

本書の読者には経験豊富なミドルの方も多いだろうが、人間四十歳を超えてくると、弱みを克服するといっても、吸収力は若い頃より落ちてくるし、いまさら性格を直すのもむずかしい。若いときは、学校に通ったり、新しいことにチャレンジしたりして、貪欲に能力を伸ばすことができるが、ある程度の年齢になると、劇的なスキルアップは望めない。

どうがんばっても、全知全能の神にはなれないのだから、すべて自分でやろうという発想を捨てる必要がある。そこで、ミドルがとるべき戦略は、「借り物競走」である。使えるものはなんでも使って、総合力で勝負する。

会社を機能別に分けると、営業もあれば生産もあるし、マーケティングも財務も調達もある。いろいろな機能があり、いろいろな人がいて成り立つのであって、全部を一人でこなすことはできない。こうしたハード的な機能だけでなく、コミュニケーションの場面においても、たとえば、強面さながらバッドコップ（悪い警官）が必要なケースもあれば、相手に共感して動かすグッドコップ（良い警官）が求められるケースもある。北風で上着を吹き飛ばそうとしてもダメなら、太陽で暖めて上着を脱がすこともある。もちろん経営に関するいろいろな要素についてある程度精通し、同時に一人何役も演じることができるのであれば、それに越したことはない。しかしながら現実世界においては、これらすべてを、一人のリーダーがこなすのには無理がある。

だから、何か事をなそうというときは、どうやって役に立つ人を集めてチームをつくるかが重要になる。全部自分でやろうとしないで、あちこちから能力や機能を借りてくるためには、発想の転換が必要だ。要するに、いかに他人のスキルをパクってくるか。ここにダークサイド・スキルが隠れていて、相手構わずパクるためには、上の人間は下の人間を認めるところから始めなければいけない。「俺の言うことを聞け」というだけでは、上司はもはや務まらないのである。

部下が自分にないものを持っていたら、それを認めて、うまく引き上げてやらないと、良いチームは築けない。高圧的なパワーマネジメントではない、マネジメントス

「要するに、いかに他人のスキルをパクってくるか。」

タイルが求められているのである。

マスター・オブ「アイ・ドント・ノウ」

ゼロックス元会長のアン・マルケイヒー氏は、二〇〇〇年に突然COOに指名された。当時のゼロックスは倒産間近の悲惨な状況で、二兆円近い負債を抱えていた。株価も就任一年前は六十五ドルだったものが、就任時には十分の一の六ドル八十八セントまで落ち込んで、チャプターイレブン（日本の民事再生法に相当）を申請すべきと言われていた。

マルケイヒー氏は人事畑を歩んできて、事業に精通しているわけではなかった。その彼女がCOOに就任して最初にやったのは、チームアップとファクトファインディングだった。要するに、自分が何を知らないかということを、彼女はとことん理解していったのだ。だから、開き直って「アイ・ドント・ノウ（知らない）」を連発した。知らないなら、知っている人を呼べばいい。具体的には、財務やR&D、製品開発などの領域に精通した人を集めてチームをつくった。それが功を奏してターンアラウンドに成功する。

人は偉くなると「アイ・ドント・ノウ」と言いづらくなってくる。偉くなるほど、我が身かわいさもあって、「知らない」「教えて」とは言えなくなってくるものだが、彼女はそこを割り切った。ついたあだ名が「マスター・オブ『アイ・ドント・ノウ』」。使える人は何でも使い、徹底的にパクって結果を出したのである。

私は彼女の講義に参加した際、「それだけ会社が厳しくて、株主からのプレッシャーもきつかったときに、最後の拠り所としたのは何ですか？　何を自分の信念としてその時期を過ごしたのですか？」と聞いたら、彼女はひと言「顧客」と答えた。「株主のことなどまったく考えていなかった。顧客のためにどうあるべきかということしか私は考えていなかった」というのである。

多少のリップサービスがあることは推測できるが、短期的に株主利益を上げることよりも、会社として顧客にどう応えていくのか。その軸がまったくブレなかったところに彼女の強さがある。

リーダーになるとき、完璧なスキルを身に付けている人はいない。足りないものがたくさんありつつ、それでも何か人より秀でた部分を認められて、人を率いる立場になる。要するに、必要なスキルを全部身に付けてから昇進するわけではなく、先にポジションが与えられるので、足りないものをどんどん借りてこなければいけないとい

「自分に足りないところを冷静に見極めて、
それを補ってくれる人を集めて
チームアップする。」

うことだ。

自分に足りないところを冷静に見極めて、それを補ってくれる人を集めてチームアップする。そういうふうに発想を転換しないと、いつまでたってもリーダーになれないし、ある日、突然リーダーに指名されることもあるということだ。

全部身に付けた人がポジションにつくのではなく、ポジションが人を育てるのだ。そして、真のリーダーは自分に足りないところをきちんと認め、そこを埋めてくれる人を引っ張り上げて、チームをつくっていくのである。

社内諜報戦を勝ち抜くための人脈とは

そのためには、普段から、周りの人間のやることをよく観察しておかなければいけない。この人はどういうスキルを持っているのか。どんな性格で、どういう場面で能力を発揮するのか。それも、数字に強いとか、立て板に水の説得力といったブライトサイド・スキルだけではなく、いざというときに役に立つかどうか、どれだけ人を動かせるかというダークサイド・スキルまで含めて、頭の中で仮想チームをつくって常にシミュレーションしておく。

組織の中での戦い方にもいろいろあって、空中戦のときは誰と誰を自分のチームにして師団をつくるのか。逆に地上でドンパチやるときは、別の人間を味方にしたほうが有利かもしれない。戦局ごとに、どういうフォーメーションで戦っていくのか、誰と誰をどの場面で投入して、どんな役割を持たせるのか。地図上の駒を動かして戦局を展望するように、どれだけ多くのパターンをシミュレーションできているかによって、改革が成功するかどうかが決まるのだ。

そのためには、会社の組織図とは別に、自分なりの神経回路のマップを持っておくことが重要だ。組織の指揮命令系統が骨格だとすると、自分なりの神経回路はその組織の中に縦横無尽に張り巡らされた情報網を指す。組織内での切った張ったというのは、結局、情報戦なのだ。インテリジェンス、いわゆる諜報戦に強い人間が勝つのである。

こういう情報はどこの誰から取ってくればいいのか、自分の情報網が組織の中にどれだけ張り巡らされているのか。上に対しても、横に対しても、下に対しても神経回路が太く、機微な情報を入手できる人は、戦いに勝利する可能性が高い。社内に太い人脈を持っている人間は、ダークサイド・スキルを駆使して、改革を有利に進めることができる。

社内とはいえ、インテリジェンス活動はCIAさながらのスパイ合戦でもあるから、場合によっては、嫌いな人間に近づくことも必要になる。改革に抵抗する守旧派ほど情報を持っていたりするから、そこからいかに情報を引っ張ってくるか。気の合う人間だけで神経回路をつくっても、敵の懐に飛び込むことはできないのだ。

シナプスの伸ばし方

社内に神経回路を張り巡らせるには、まず自分に足りないものを冷静に棚卸しする必要がある。自分には何ができて、何ができないのか。自分にはできない部分は、誰にまかせれば補うことができるのか。誰と誰をつなげて、どこに配置するのか。戦略上の要所にいかにキーパーソンを配置できるか。そういう戦略マップを描くように、シナプスを伸ばしていくのである。

部下を掌握し、自分の手足となって動いてもらうには、飲みにいくことも必要だ。昼間の会議では、絶対に出てこない情報があるからだ。嫌がる部下を無理に誘っても逆効果だが、部下の側でも、この会社では誰とつながっておくことが自分にとって有利なのか、したたかに見極めているはずである。誘ってもこないということは、自分にそれだけの魅力がないということだ。その場合は、まず自分の実力を高めることに集中したほうがいいかもしれない。

逆に、トップから見たときに、ミドルの自分がその神経回路に入っていないのも問題だ。トップダウンで改革を断行しようというときに、自分は戦力だと思われていないということになるからだ。自部門かわいさで個別最適の話しかしない人間は、トップから戦力にカウントされない。「思うように上司を操れ」の項目で述べたように、普段から「うちの部は実はこういう問題があって」「あそこの部では、こんなことを言っていた」ということを社長の耳に入れておくと、あなたは社長にとっての神経回路の一部になる。

社内にどういう神経回路を張り巡らせるか、上に対しては自分がそこの重要なシナプスになれるかどうかというのは、まさに高度なダークサイド・スキルである。神経回路はただの社内人脈ではない。組織内に縦横無尽に張り巡らされ、いざというときに総動員させられるような濃いつながりである。

定期的にランチを一緒に食べてアップデート

神経回路は使えば使うほど太くなる。それと同じように、頻繁に情報をやりとりしていれば、その部分のつながりは太くなる。ランチを食べにいくのも、たまに飲みにいくのも、神経回路を太くするための投資である。

飲めない部下や、プライベートの時間を大事にしたいという部下とは、昼飯を一緒に食べにいくといい。さすがに昼飯を食べないということはないからだ。自分のシナプスとなる人とは定期的にランチを食べながら、「そういえば、あれどうなっているの」と情報をアップデートしておくと、いざというときにワークする。

だから、社員食堂で昼を食べるときも、たいていの人はいつも同じ部署のメンバーで固まって食べているが、したたかな人は毎回自分ひとりでお盆を持って、今日は誰の隣に座ろうかと様子を見ながら、「ここ、いいですか?」と動き回っている。

社長就任当時の日産自動車のカルロス・ゴーン氏は神出鬼没で、突然、工場に視察

図10　ブライトラインとダークライン

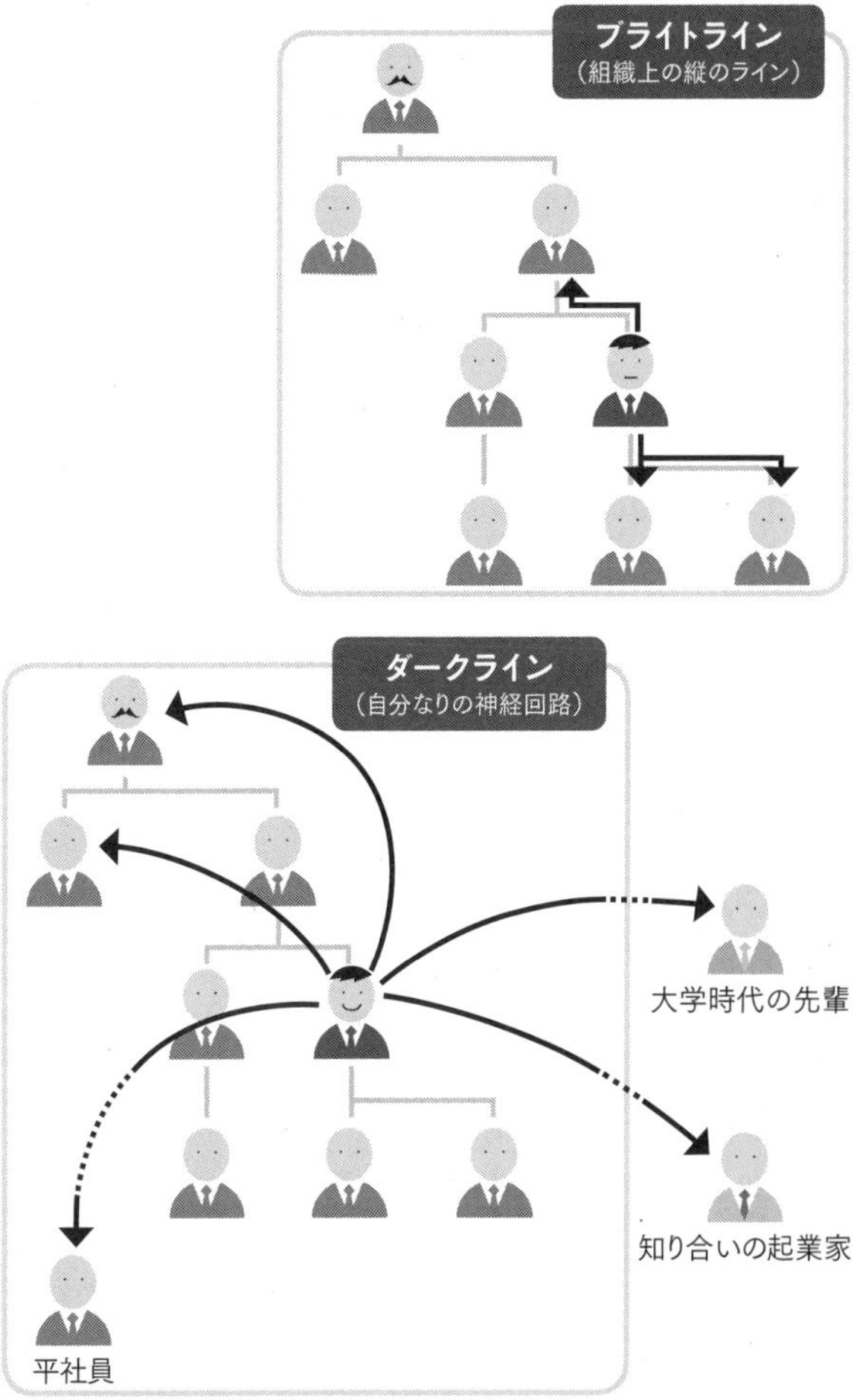

にやってきて、社員を集めて車座になって話を聞いたそうだ。そうやって現場と直接つながり、一次情報を集めてシナプスをつくっていったのだ。このように自らの足で稼いだ一次情報を基に、日産リバイバルプランの青写真はゴーン社長の中で着実にできあがっていったという。

そうなると、自分で神経回路をつくるのを怠っていたミドルの人たちは戦々恐々だ。自分の知らない情報を、自分を飛び越えてトップが知っていたりするから、自分たちも現場に足を運んで、情報を集めなければいけなくなる。それによって、ミドルも積極的にコミュニケーションをとるようになって、組織が活性化したそうである。

自分なりの神経回路が将来の武器になる

ミドルの人が、自分なりの神経回路を持ち、手駒をどう動かせばどういう展開になるかということを何度もシミュレーションしておけば、それ自体がトップマネジメントになったときのトレーニングになっている。そこで培った神経回路は、それこそ一生モノの財産だ。

転職ばかりしている人は、このシナプスを構築するだけの時間がない。有事の状況において、会社の状況を冷静に判断し、切った張ったの意思決定を行う上で、多くの経営経験と合理的なものの見方に優れているプロ経営者というのは、非常にワークするケースが多い。一方、平時の状況においては、苛烈な意思決定というより草の根的に組織を活性化させる必要が多く、そうなると外部からやってきたプロ経営者は有効な神経回路を社内に持ち合わせてはいないので、立ち上がりに相当苦労するケースもある。当時の日産自動車はどちらかというと有事ではあったが、ゴーンさんがやったのは、まさにこの神経回路づくりだ。

一方、プロパーで十年、二十年かけて昇り詰めてきた人たちの最大の財産は、社内に太く張り巡らされた神経回路ということになる。神経回路は偉くなってからいきなりつくろうと思っても限界がある。だから、それこそ二十代、三十代、四十代の頃から、いざというときに役に立てるという意図を持って磨き上げておく必要があるのだ。しかし、自分が所属している部門に回路ができるのは、ある意味当然だ。そうではないところに、どれだけ太いつながりをつくれるかが重要なのだ。

ダークサイドのつながりには機微な情報が多く含まれるので、メールや文書のように記録に残さない話が多い。だから、たとえば、携帯電話の電話番号のリストに、自部門以外の人が何人載っているか、いますぐ電話をして「あれ、どうなっている?」

「携帯電話の電話番号のリストに、自部門以外の人が何人載っているか」

と聞ける人が何人いるかという視点で、自分の手駒をカウントしてみるといいかもしれない。使える手駒がほとんど思い浮かばないという人は、いますぐ将来の戦いのためのシミュレーションを始める必要がある。

自分を叱ってくれるメンターを探せ

もう一つ、自分にないものを補うときに重要なのは、メンターの存在だ。社内である程度のポジションに就いた人は、誰からも注意されず、ともすると裸の王様になってしまうので、自分を叱ってくれるメンター役の人を何人か持っておいたほうがいい。

私にとっては、良品計画の松井忠三氏は大切なメンターの一人。本書の後半でも、熱い思いを語っていただいているので、楽しみにしてほしい。

毎月会うわけではないが、たまに会って話をすると、「そこは違う」と言ってくれる存在は貴重である。社内でポジションが上がっていくにつれて、叱ってくれる人は減り、すり寄ってくる人は増える。すり寄ってくる人に囲まれていれば、心地良いかもしれないが、それ以上でもそれ以下でもない。だから、自分を叱ってくれる人こそ大事にしたい。

ところが、同じ組織の上司と部下という関係だと、直接利害関係にあるため、言うほうも聞くほうも素直になり切れない。だから、メンター役は社外に求めたほうがよい。縦でも横でもない、斜めの関係をいかにつくれるか。社外でそういう存在を見つけようと思えば、自分から外に出ていくほかはない。

社外ネットワークは意識的につくるしかない

では、外のつながりはどうやってつくればいいのだろうか。一般的なサラリーマン、なかでも大企業に勤める人たちは意外と外部との接触はないものだ。そこは意図して、自分から出ていかなければ変わらない。

たとえば、異業種勉強会も本気になって探せば、実はけっこう見つかるものだ。そこは自分に対する投資だと思って、ある程度時間を使ったほうがいい。終業時間後や週末に、そういうところに顔を出していかない限り、社内の閉じたコミュニティーから距離を置くのは相当むずかしい。取引先やお客さんとの会合はあっても、有効なネットワークは自らつかみにいかないと、なかなか手に入らないことを自覚すべきである。

私自身は、コンサルティング業界からIGPIに移ってきたのだが、コンサルティングは基本的に守秘義務契約で縛られているので、外部とのつながりというのは実はそれほど多くない。ところが、投資銀行や金融機関出身の人たちは、M&Aや投資案件でお互いに顔を合わせることも多く、かつ案件自体も公表できるものも多いため、金融ムラの中で横のつながりができてくる。業界のネットワークができやすいのだ。

社外のネットワークを持たなかった私は、IGPIに移ってきたとき、かなり意識して外部の交流会や勉強会などに参加することにした。それを十年やり続けて、それなりにネットワークが広がってきた実感がある。

私はそれほど社交的な性格ではないので、すでにコミュニティーができあがっている勉強会に後から参加するというのは、実は今でもかなりハードルが高い。みんな顔見知りのところに、いきなり一人で参加して、「すみません、はじめまして」と言いながら名刺交換をして回る。「誰だ、お前?」という冷たい視線を浴びながら、それでもこちらに興味を持ってもらおうと、気の利いたことをひと言ふた言口にする。これもひとつの訓練だ。正直今でも得意な方ではないが、これもシナプスをつくる上での貴重な機会だと思ってがんばっている。

忙しいのはわかるが、意図的に時間をつくって自分に投資していかない限り、会社の枠は超えられない。自分が多様性に触れていないのに、部下に「多様性が大事だ」と言っても説得力がないから、がんばってそういうところに顔を出し続けることも必要だ。

その4

堂々と嫌われろ

「情報がそろわない」という先送りワード

「構造改革」という言葉には、工場閉鎖や人員削減などのネガティブなイメージがつきまとう。たしかにそういう面もなくはないのだが、もともとの意味は事業・組織の新陳代謝である。環境変化に対応して、古くなったものを改め、新しいものを伸ばしていくという小さな新陳代謝をきちんと積み重ねていくことが大事なのであって、何も日本経済新聞の一面を飾るような大規模な撤退戦やM&Aのような大胆な改革ばかりを指すことではない。むしろ普段の何気ない活動の中にも、たくさんの構造改革、つまり新陳代謝を必要としている事象が隠れている。

では、日々の新陳代謝とは具体的にどのようなことを指すのだろうか。

読者の皆さんは、部下の人たちから物事を決めてほしいと言われた際、割と合理的かつ容易に答えが導き出せるものと、頭ではなんとなく答えはわかるのだが、実際にはなかなかすぱっと決められないものとがないだろうか。たとえば、二つの選択肢があって、どちらかに決めなければいけないのだが、Aを選択すると誰々さんに説明するのが大変そうで、Bを選択すると隣の部の誰々さんとの調整が面倒くさそうだというケース。要は、どちらを選択してもしこりが残るというか、後味が良くない状況だ。しかしながら、それでも決めなければいけないのが上司というものだ。

部下を持ち、人をマネージするということは、多かれ少なかれ人に影響を与えることになる。自分がまだ一兵卒だったとき、自分一人にしかその影響が及ばない意思決定はすぐに決められたのに、自分の意思決定が他の人に少なからず影響を与える状況になってくると、単純に白黒つけられないケースがどうしても出てくる。

これもまた「問題先送り症候群」の元凶の一つである。こういうケースの言い訳として、「情報がまだ不十分だから」が使われる。私は、本当の意味での意思決定というのは、たいていが不完全情報下で行わなければならないものだと思う。逆に言うと、物事を判断する上ですべての情報がそろっていて、ある程度合理的に答えが出る類のものは、意思決定とは言わないといっても過言ではない。だいたい六、七割の情

「本当の意味での意思決定というのは、たいていが不完全情報下で行わなければならない」

報がそろったら、ある程度「経験」と「勘」を働かせて、物事を決めていかなければ、そこで停滞してしまう。

小さな意思決定から逃げるな

もともと白黒はっきりつけられないことを、不完全な情報に基いて決断するとなると、「まあ、もう少し様子を見よう」と先送りしたくなるのが人間だ。しかも、剣ヶ峰の状況であれば何がしかの判断の必要に否応なく迫られるが、日々の小さな物事、それも今決めなくても対して影響が大きくないことについては、間違いなく先送りの誘惑がはたらく。しかし、会社の各所各所で、みんなが少しずつ小さな問題を先送りしていくことが、新陳代謝をズルズルと遅らせる原因になる。

逆にいうと、現場のミドルリーダーが小さな意思決定から逃げることなく、しかるべきタイミングできちんと決断していけば、自然と新陳代謝が行われるということだ。こういう小さな先送りが、積もり積もって、実は、事業・組織の硬直化、すなわち会社の老化現象を招いているのである。

時間軸の違いが嫌われるリスクを生む

ミドルの人たちが日々直面する意思決定には、もう一つ、パラドックスが隠されている。現場の人たちは戦場でドンパチやっていて、目の前の敵を叩くことに全力を傾けているので、自分のまわりの半径三メートルにある今日・明日のことしか見えていない。ところが、同じ問題をもっと長期的な時間軸、幅広い空間軸から眺めてみると、別の見方が当然出てくる。この先、五年、十年という時間軸、部分最適に閉じず全体最適で考えたときに、このままその仕事を同じようにやっていて本当に大丈夫なのかという問いである。

恐らくここで何かを変えないと後々手遅れになりそうなことは薄々気づいているのだが、仮に何かドラスティックに物事を変えようとすると、現場の人たちから「えー、マジで?」と大反発を買ってしまうリスクがあることもわかっている。これらグチャグチャの状況にまで陥ると、さすがに自分一人では判断がつかないので、上司に判断を仰ぐ。

ただ、本音ベースで言うと、右か左か決めてもらいたいのではなく、「まあ今はいいんじゃない」と先送りの指示を出してもらうことを心の底で期待しており、そういった指示が出るようなパス（＝情報）を無意識に出してしまう。それが自分にとって一番楽だからだ。こうして上司のお墨付きをもらって、そこかしこで問題の先送りが正当化されてしまう。

ただ、ＪＴが最高益の翌年に工場閉鎖等の大リストラや、黒字で儲かっている飲料事業を売却したように、また海外においてもＩＢＭがかなり早いタイミングでパソコン事業を中国企業に売却したように、「えっ？」と思われるようなタイミングこそが、長い時間軸・広い空間軸から見た場合は、のちに大きなツケを回さないためにも、実は適切なタイミングとなる。

ただし、そのような判断を下すと、この現場との時間軸の違いから、一時的に嫌われ者になることは避けられない。場合によっては、その判断が正しかったかどうかがわかるのは、五年先、十年先のことかもしれない。その間ずっと悪者のレッテルを貼られ続けることになる。

このように意思決定する側とその影響を受ける側の時間軸がかなり違うので、たとえ正しい判断だったとしても、意思決定する側は常に嫌われるリスクがある。一方で前述のとおり、先送りし続けることによって問題はどんどん大きくなっていくので、とにかく現場を預かるミドルリーダーが、嫌われることをいとわず、まだ問題が小さい段階で、こまめに新陳代謝をしておくことが、きわめて重要なのである。

親しみやすさと敬意は両立しない

小さな意思決定といっても、いまある状況に手を加えるとなると、あちらを立てればこちらが立たないケースの連続なので、リーダーたるもの、みんなから好かれるというのはどだい無理な話である。みんなのご機嫌をうかがう人気取りではこれからのリーダーは務まらない。

ところが、みんなでコンセンサスをつくりながら、ボトムアップで物事を決めてきた人は、五人いたら五人全員の意見を聞いて、うまく落としどころを探ることに長け

「たとえ正しい判断だったとしても、意思決定する側は常に嫌われるリスクがある。」

ているので、わりとみんなから好かれるタイプである。全員にいい顔をして、みんなから好かれることに慣れた人が、いきなり誰かを敵に回すような決断ができるかというと、むずかしい。「あの人嫌い」と言われても、「それがどうした」と開き直れる根性がないと、みんなの顔色をうかがって、結局、問題を先送りすることになる。

部下との距離感というのは大事で、塩野七生さんは『ローマ人の物語』で、親近感と敬意は両立しないと述べている。部下から好かれることと、上司として敬意を払われることは違うのだ。近づきすぎると、好かれるかもしれないが、お互いに緊張感がなくなり、いざというときに厳しいことを言えなくなる。だからといって離れすぎても、信頼関係が築けないから、自分の手足となって動いてもらうことはできない。

「好き」と「嫌い」をタテ軸、距離が「近い」のと「遠い」のをヨコ軸にとってマトリックスを描くと、昔のリーダーはだいたいみんなと仲良しで、「好き」というポジションの人が圧倒的であった。昇進して、上に行けば行くほど距離は遠くなっても、「好き」であることから外れることはなかった。嫌われ者はそもそも昇進できなかったのだ。

しかし、これまでのやり方を見直し、改革を推進するリーダーは、みんなから好かれているだけでは責任を果たせない。嫌われても、やるべきことをやることが求めら

図11　好き・嫌い×近い・遠いマトリックス

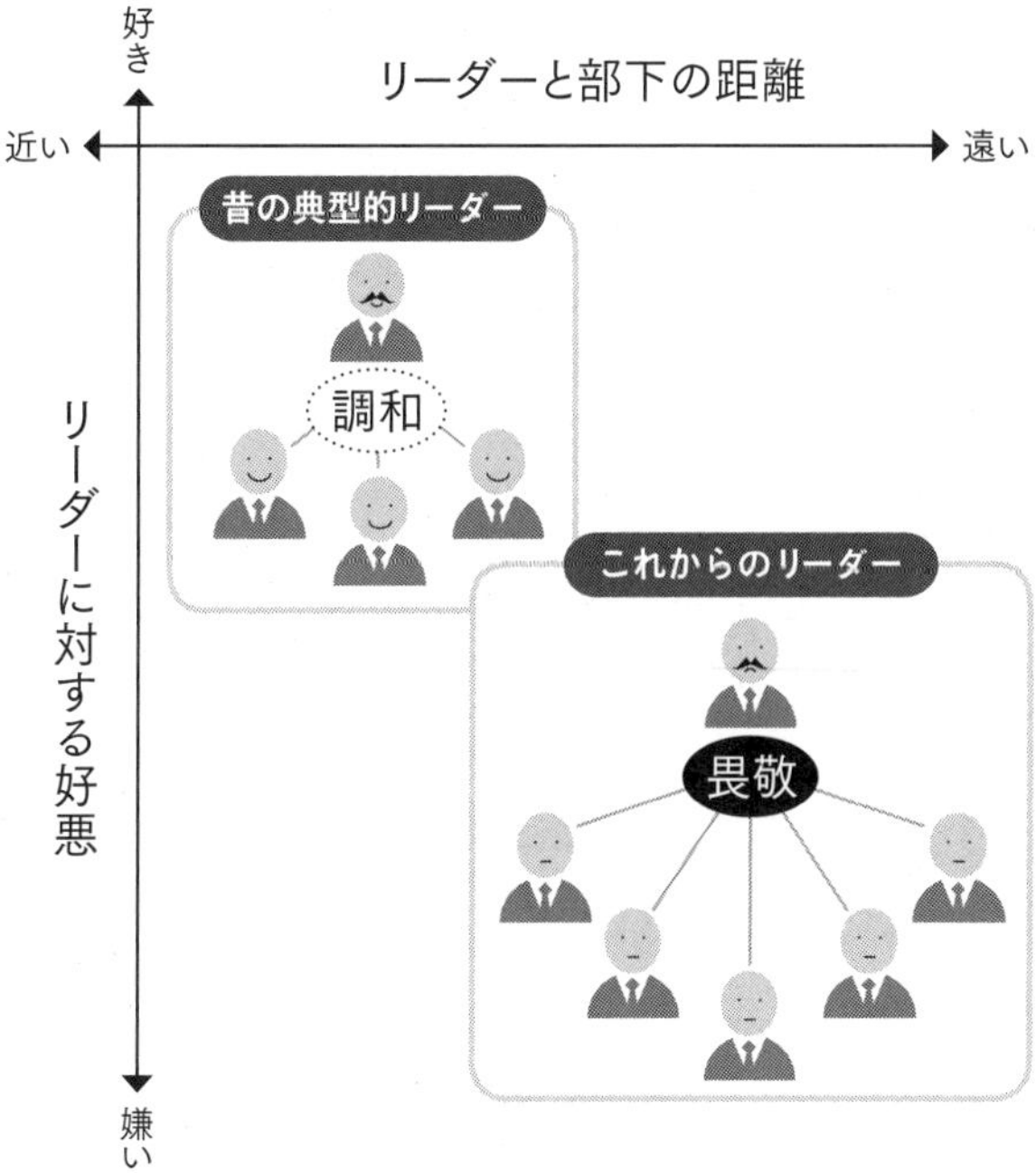

「たとえ嫌われても、相手に恐れと敬意を抱かせれば、相手を動かすことができる」

れている。そして、たとえ嫌われても、相手に恐れと敬意を抱かせれば、相手を動かすことができるのだ。

マキャベリは『君主論』の中で、人が誰かによって動かされるのは、その人に対する「恐れ」か、もしくは「好き」の感情であると述べている。その人のことが「好き」だということは相手の気持ちに依拠する要素が強いが、相手に恐れを感じさせるのは自分に依る要素が強いことだ。

つまり、自分がコントロールできない部分に頼って人を動かそうとするよりも、自分がコントロールできる部分で人を動かすほうが理にかなっていると説いている（さらに、恐れと憎悪は別の感情であり、憎悪の念は必ずしっぺ返しをくうので、恐れと憎悪を混同するなとも説いている）。「畏敬の念」という言葉があるが、まさに相手が自分に対して抱く畏れと敬意のまざった感情だ。

ＩＧＰＩ代表の冨山和彦はまさにこのタイプで、彼が来ると、その場の空気がピリッとする。下手なことを言うと見破られるし、なあなあでごまかせる相手ではないので、こちらも真剣勝負である。いい意味の緊張感がチームを強くする。

毅然とした態度で在庫を燃やす

良品計画の松井忠三さんには、パート3の対談でも登場していただくが、在庫の話が強烈に印象に残っている。

松井さんが二〇〇一年に社長に就任したとき、良品計画は三十八億円もの赤字を計上した。これをなんとかしなければいけないという状況で、松井さんは象徴的なことをいくつかやっている。そのうちの一つが、売れ残りの在庫の山を全部かき集めて、社員の目の前で燃やしたのだ。在庫といっても、デザイナーにしてみたら、自分が手がけた作品を目の前で燃やされたわけだから、涙を流す人もいたそうだ。普通に考えれば、赤字でお金がない状況だし、セールをすればいくばくかの現金になる。それを一切認めず、中途半端なことはしないということを、在庫を燃やすことで社員全員にわからせた。

「やはり、最大の抵抗勢力は現場なのだ」

それまではマーチャンダイザーが欠品を嫌って多めに発注したりして、いろいろムダがあったのだが、そういうのはダメだ、認めないということを身をもって示したわけだ。しかも、一度ならず、二度同じことをした。それでようやく会社の体質が変わったのである。

結果的に、二〇〇〇年に五十五億ぐらいあった在庫が、数年後には三分の一の十七億円まで減った。荒療治だが、印象は強烈だ。嫌われる覚悟がなければ、とてもできないことである。

やはり、最大の抵抗勢力は現場なのだ。組織には慣性の法則が働いているので、行動様式はなかなか改められない。中途半端な働きかけでは変わらないし、太陽的なアプローチだけでもダメで、時には北風的な毅然とした態度で臨まないと変わらないということである。

なかには、叱ったとたんに離れていく部下もいる。しかし、そこで動揺してはいけない。ドキドキして、部下にすり寄ってしまうと、方針がブレてしまう。自分に自信を持って、泰然自若としていられるかどうかでリーダーの器が決まるのだ。

状況に応じて手持ちのカードを使い分ける

一昔前のパワーマネジメントは、ブラック企業の代名詞でもあり現在では大ヒンシュクもののため、部下のやる気を引き出すには、とにかくほめて、笑顔で接し、やる気をうまく引き出しましょうということが言われてきた。しかし、それしかしないというのはボトムアップ時代の調整型のリーダーがすることで、トップダウンの改革派リーダーの振る舞いではない。

自分の意思を通すために、ダーク君に求められるのは、時に嫌われることを覚悟の上で、状況に応じて手持ちのカードを使い分けるスキルである。厳しく叱咤激励するカード、ほめて相手のやる気を引き出すカード、理詰めで議論を深めるカード、有無を言わさず押し切るカードなど、違う種類のカードを何枚も持っていて、どんな場面でどのカードを切るのか、うまく使い分けることが必要だ。

いつもニコニコしているカード一択では、部下に好かれるかもしれないが、たいていなめられる。この何枚ものカードを使い分けるためにも、部下との適切な距離感が大切なのだ。近すぎても遠すぎても、それは手持ちのカードの枚数を減らしてしまうことにつながる。

コマツの坂根正弘元会長はそのあたりのカードの使い分けが上手で、はねつけるときは徹底的にはねつけたと言われている。たとえば、社内にERP（統合基幹業務システム）を導入するとき、コマツ独自の付加価値を生み出すためにブラックボックス化して徹底的に自社仕様でつくり込む部分と、コスト重視で徹底的に標準化にこだわる部分とに切り分けた。現場の人は、いままでの仕事のやり方をできるだけ変えたくないから、独自仕様でつくり込むことを望みがちだが、競争領域でない部分については、問答無用で押し返したそうだ。

また、リストラは一回だけと決めて、その一回で膿を出し切った一方、ものづくりには徹底的にこだわり、「ダントツ経営」でコマツを真のグローバル企業へと脱皮させた。

リーダーには、そうした強さ、厳しさが求められる。それには、外からの評価を気にしているだけではダメで、自分の中にしっかりした軸を持つ必要がある。自分の中に軸があれば、反発する人がいても、「だからどうした」と乗り越えることができるのだ。

外の評価を気にする人は、敵をつくらないし、人当たりはいいかもしれないが、ここぞという勝負時には踏ん張れないのだ。

その5

煩悩に溺れず、欲に溺れろ

弱みや恐れと対峙する

表題にある「煩悩に溺れず、欲に溺れろ」というのは、仏教用語でいう「小欲を捨て、大欲《たいよく》に立つ」ということである。

白黒はっきりわからない、かつ、時間軸も違うという状況で、何か物事を決めなければいけないとき、最後のよりどころとなるのはロジックではない。論理的に考えても答えが出ないときに、最後の最後に物を言うのは自分の価値観である。最終的に自分が何を大事と思うか、何を優先するかによって、右に行くべきか左に行くべきかを決める。あえていえば、自分の価値観だけではなく、会社の価値観。つまり、自分の価値観と企業理念の掛け合わせによって、この先進むべき道を選ぶのだ。

だから、まず己を知ること。自分が依って立つ価値観を知らずして、限られた情報をもとに、ブレない意思決定をすることはできない。

己を知るというのは、自分は英語が得意だとか、財務会計に強いといったブライトサイドのスキルを把握するということではなく、もっと心の奥底にある自己の思いを知ることだ。

自分は何を大切にしているのか。これだけは守りたいというものは何か。自分はどういう局面に対しては強くなれ、逆にどんな状況下では恐れの念を抱くのか。その中でも特に自分にとっての負の側面を直視する勇気だ。自分の心が弱くなる、もしくは恐れを抱く、どういうときに自分はそうなるか、それを知ること、そしてそれらの弱み・恐れと対峙し、コントロールしていくことは、まさにダークサイド・スキルである。

それら、自分の奥底にある自己の思いを知るには、過去の人生を振り返る必要がある。自分がこれまで生きてきた歴史の中にこそ答えがある。自分なりの価値観というのは、自分の生きざまそのものだからだ。

スティーブ・ジョブズ氏は、スタンフォード大学の卒業式でのスピーチで「コネクティング・ザ・ドッツ（点と点をつなげる）」、一見何のつながりもなかったことが、

「自分なりの価値観というのは、自分の生きざまそのものだからだ。」

後から振り返ると線でつながっていると語っていた。いまの自分は過去の延長線上にある。自分の生きざまというのは、特に自分がつらかったときや苦しかったときに醸成されるもので、そこを掘り下げていくと、自分がどんな人間なのか見えてくる。

苦境のときこそ自分の生きざまが顕《あらわ》になる

私は、二十代のときに自分で小さなビジネスを立ち上げ、創業当初は資金繰りに苦しんだ経験を幾度となくしている。友達のツテをたどって一晩中金策に走ったこともある。そんな中、同じ二十代のときに大病をして、長期間療養生活を余儀なくされた時期もあった。一日中病院のベッドの上で天井を見つめるだけの日々が何日も続いた。死を意識すると、人間はいろいろ考えるものだ。自分の過去を振り返ってみると、思い出すのは、苦しかったときばかり。いいときのことはあまり思い出さないものだ。精神的に追い詰められたときに自分はどうやってそれを乗り越えたのか。その経験が自分の生きざまにつながってくるのである。

元ソフトバンク・ホークスの小久保裕紀選手は、「逆境のときこそ生きざまの見せ所」と言っていた。本当の自分が出るのは、順風満帆のときではなくて、逆境のとき。苦しいときこそ、自分は何者なのかということが如実に現れる。

最近、あえて困難な課題に挑戦させるタフ・アサインメントに注目が集まっているが、擬似的に厳しい試練を与えて、それをいかに乗り越えるか。そこでの学びが真に強いリーダーを育てるのである。過去の苦しかった時期を振り返るのも、タフ・アサインメントと似たような効果があるはずだ。

経済同友会の代表幹事だった三菱ケミカルホールディング会長の小林喜光さんは講演会で、社長に就任した直後の二〇〇七年に、三菱化学鹿島事業所のエチレンプラントが大爆発して火災事故が発生したり、二〇〇八年のリーマンショックが起きたりしてにっちもさっちもいかなくなったとき、開き直ったと言っていた。何かを成し遂げたい、この会社をこうしたいという強烈な思いがあれば、金銭欲や出世欲のようなちっぽけなものなど入り込む余地はなくなる。この会社をこう変えたいという思いが鮮烈であるほど、ある種の狂気が宿るようになるのだ。

定期的に自分自身の棚卸しをする

ミドルの人たちは、会社でもある程度の組織を率いて、責任もある。自分の判断によって、自部門の人のみならず、全社に影響を与えるかもしれない。そういう立場になったとき、何を基準に意思決定していくのか。それを知るためにも、あらためて自分の過去を振り返っておくことをおすすめする。自分が依って立つ価値観や信念をつねに書き出せるようにしておけば、どんな状況でも、ブレずに決断を下すことができる。

就職活動のときは、誰でも自分自身と向き合い、自分の強みや弱みを意識したはずだ。しかし、社会人になってからは、目の前の仕事に忙殺されて、自分自身と真剣に向き合う時間を持つ人はまれだ。だが、ミドルの人たちが積み重ねてきた経験は、学生時代の経験とは比べ物にならないほど豊かで深い。だからこそ、いまあらためて自分自身と向き合うことに意味がある。

部下を持つ人は、定期的に自分自身の棚卸しをしておく。これは家庭を持つ人にも当てはまる。結婚して子どもができたとき、妻と二人で「我が家の家訓を何にしようか」という話になった。私が提案したのは、それぞれの生きてきた年表をつくろうということだった。この年表作成を通じて、お互いにどういう人生を歩んできて、何を大切に思っているのか。親から言われたこと、兄弟姉妹から言われたこと、自分がこれだけは守りたいと思っていることを棚卸ししようということだった。

子供の頃から親に言われ続けて、すでに自分の身に染み付いている習慣や、絶対にこれだけは破るなときつく言われた約束事。そうしたものをあらためて考えてみると、自分が何にこだわり、何を大切に思っているかが見えてくる。履歴書に書く内容ではなく、もっと根っこの部分を貫く自分らしさの原点のようなもの。四十歳のタイミング、五十歳のタイミングで、そうしたものを再確認しておくと、迷いを捨てることができるはずだ。

恥ずかしがらずにチームメンバーと共有する

自分の心の奥底の原点にあるもの、平易に言うところの価値観がわかったら、自分の中だけに仕舞い込まず、恥ずかしがらずに自分のチームで積極的に共有することだ。自分はこれを大事にしていると思っても、言葉にしなければ伝わらない。自分の価値観をチームのメンバーに浸透させてはじめて自分の思いのままに動くチームになるのである。

ここで気を付けなければならないのは、価値観の押し付けではない。あくまで自分の考え方の共有だ。もちろんリーダーとして異なる価値観、多様性を受け入れる必要性は前述の通りであるし、決して同質性の高いチームをつくれと言っているわけではない。

しかしながら、リーダーの価値観が（押し付けでなく）しっかり共有されているチームにおいては、いざというときのメンバー個々の判断が、必ず同じベクトルを向いてくれる。だからこそ普段はそんなことこそばゆくとも、意識してやっておくことが必要である。ある意味布教活動に近いかもしれない。

IGPIでも、年二回の合宿を通じて、会社の理念や方針をみんなで共有している。毎朝、朝礼で社訓を暗唱するというよりも、真面目な話、会社をどういう方向に持っていきたいのか、世界各地からスタッフを一堂に集め、かなり青臭い議論をしながらみんなで共有していく。

日本人はそういう真面目な議論が得意ではないかもしれないが、恥ずかしがらずにやったほうがいい。もちろん、今年の予算の数字は全員で共有しておく必要はあるが、議論を通じて理解を深めてもらいたいのは、そういった短期的かつ表層的な目標というよりも、たとえば三年後の会社がどんなふうになっていたいのか、お客さまに対してどんな価値を提供していたいのか、という中長期目線でのゴール設定だ。

自分がどういったことを大事にしているか、ただの標語として伝えるのではなく、議論を通じて、価値観をすり合わせておく。リーダーにとって部下は自分の分身だから、自分の思い通りに動いてほしければ、面倒臭がらずに、部下と議論を戦わせる。何十人もの部下が全員同じゴールを目指すには、そうしたプロセスが欠かせないのだ。

たとえば、仕事でこういう局面にぶちあたったときにどうするかというシミュレーションを全員で考える。「Aさんならどう対応する?」「Bさんは?」とロールプレイングをしながら、「でも、こういうときはこれが大事だから、こうしたほうがいいのではないか」と自分の考え方を織り交ぜて浸透させていく。自分はこういう人間だということを部下が深いレベルで理解してくれれば、いちいち注文をつけなくても、部下は自分の手足となって動いてくれる。

「日本人はそういう真面目な議論が得意ではないかもしれないが、恥ずかしがらずにやったほうがいい」。

「言わなくてもわかる」は幻想に過ぎない

こうした議論は、日常とは切り離されたオフサイトの合宿のほうが盛り上がる。リーダーたるもの、定期的に合宿をして、チームを掌握しておく必要があるのだ。

自分の価値観を他人と共有するには、「ジョハリの窓」が役に立つ。自分について、自分が知っていることと知らないこと、他人が知っていることと知らないことをマトリックスで表したものだが、自分がわかっていて、他人もわかっているのは、左上の①の領域にすぎない。これを③の領域に広げていくには、自分の心の奥底にある価値観を言葉にして伝えていくしかない。できるだけ①を広くして、③を狭くしていくことが、リーダーには求められるのだ。

これを言わずに、「自分の背中を見てわかってくれる」ということはない。夫婦関係でも「長年連れ添っているから、言わなくてもわかる」というのは幻想で、やはり言葉にして伝えないと、たいていのことは伝わらない。

自分の中の「下世話な欲望」を知る

自分の心の奥底にある原点、価値観とは、別の言い方をすれば自分は何によって動機付けられているのか、ということになる。

動機というのは、大別して、将来会社をこうしたいとか、世の中をこう変えたいといった「外向きの動機付け」と、自分自身がこうなりたいという「内なる動機付け」がある。自分を知る上では、両方わかっておく必要がある。しかし、人間はともすると、そうした動機付けとは別の要因で自分の行動を決めてしまうことがある。自分はこうしたい、こうなりたいという前向きの願望ではなく、もっと心の闇の部分に流れる下世話な欲望。それを煩悩と呼んで区別している。

たとえば、異性関係にだらしないとか、名声に弱いとか、お金にルーズな面があるとか、ギャンブルに目がないとか、組織の中での出世欲など、人それぞれ、みんな誰でも下世話な欲望を持っている。そうした煩悩は、一見して外の人に隠すことはできても、自分自身の中では隠そうと思って隠せるものではないし、蓋をして見ないふりをしても、どうしても出てきてしまうものなので、まずは自分の煩悩は何かということ

図12　価値観を共有する

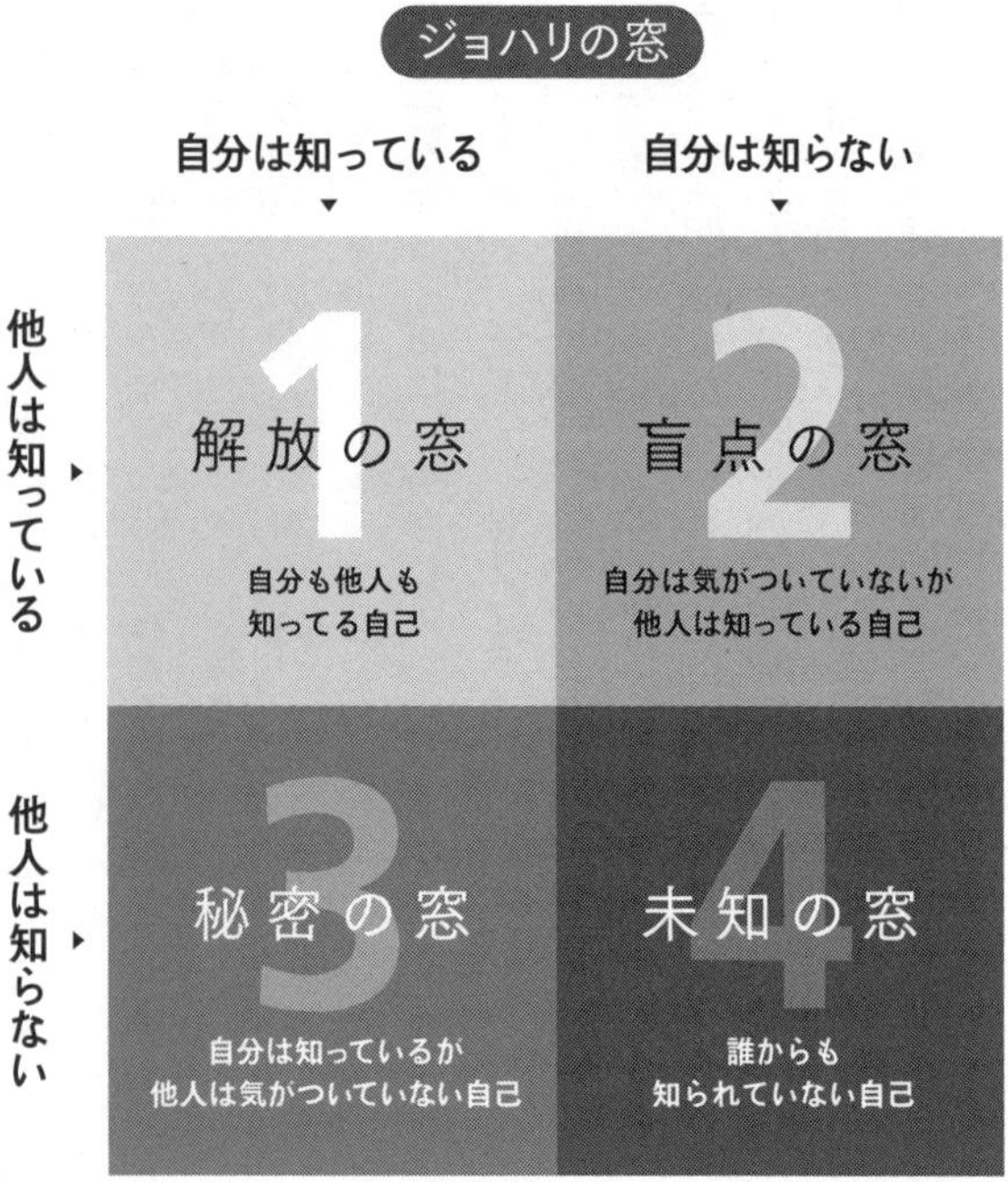
ジョハリの窓
自分は知っている
自分は知らない
他人は知っている
他人は知らない
1
解放の窓
自分も他人も
知ってる自己
2
盲点の窓
自分は気がついていないが
他人は知っている自己
3
秘密の窓
自分は知っているが
他人は気がついていない自己
4
未知の窓
誰からも
知られていない自己

図13　価値観を共有する②

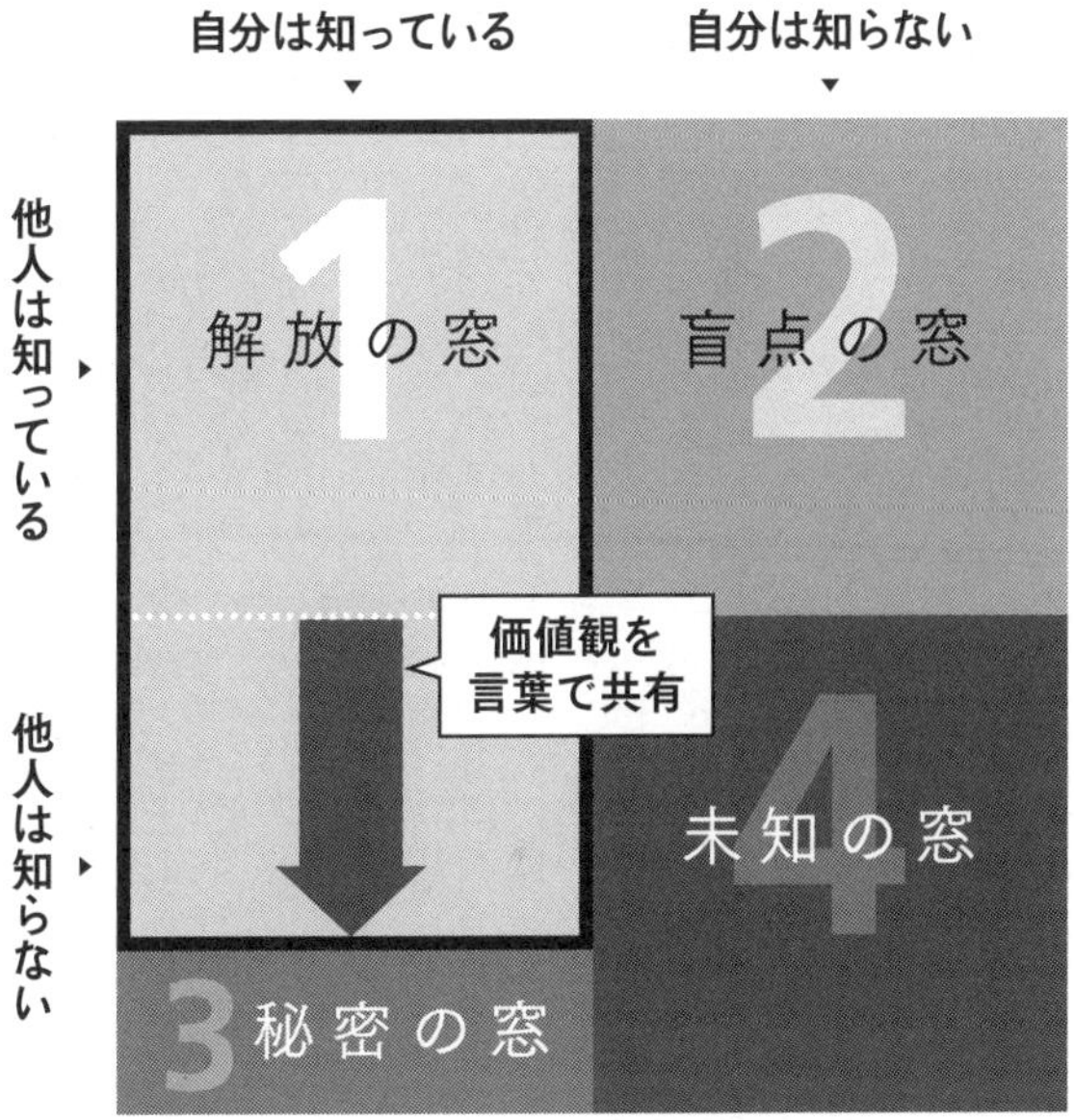

とをしっかりと自覚すること。自覚した上では逆転の発想で、それを自分自身の中で与件とすることが求められている。

つまり、煩悩をなくすのではなく、どうすればそれが暴れないか、悪い方向に働かせないにはどうすればいいかを考えるのだ。たとえば、信頼できる誰かに事情を説明して、自分が間違った方向に行きそうになったらストップをかけてもらうなど、やり方はいろいろあるはずだ。

私の財布には御守が二つ入っている。一つは毎年初詣に行った際にもらう神社の御守。もう一つは、この自分の煩悩が暴れないように自分で注意すべき三か条をしたためた紙切れだ。毎日取り出して見ているわけではないが、御守だけに幸い今のところ威力を発揮してくれている。

部下を預かるミドルのプレッシャーはきつい。毎日プレッシャーと戦っていると、つい自分に甘えたくなる。いろいろなところにリーチできる立場だからこそ、誘惑に負けてしまいそうになる。しかもある程度偉くなればなるほど至るところに罠が落ちているから、自分の弱さを自覚していないと、物の見事に引っかかるのだ。

そうした罠にハマらないためにも、自分の本当にやりたいことは何か、目指すべきゴールは何かということを、ことあるごとに確認する必要がある。一度しかない自分の人生で、本当にそれは自分がしたいことなのか。ただの甘えではないのか。胸に手を当てて問い直してみる。それを怠ると、とたんに足元をすくわれて誘惑に負けてしまうかもしれない。

どうしても煩悩を抑え切れない人もいるだろう。そういう人は、むしろ煩悩を実現する生き方を選んだほうが、自分も幸せだし、まわりにも迷惑が及ばない。だが、人を率いる立場に立つ以上は、ある程度自制が必要だ。煩悩をコントロールして、人を率いていくには、自分の弱さを凌駕するほどの強い思いが必要だ。それが「自分はこうしたい」「こうなりたい」「職業人としてこれをやり遂げたい」という自分なりの前向きな動機付けなのである。

リーダーに向かない人

自分の煩悩さえコントロールできないのに、他人を意のままにコントロールしたいと思うのは、欲張りというものである。そういう人は、リーダーの道から降りたほうが、世のため、人のため、自分のためになる。

たとえば、政局好きの人は、派閥をつくったり、派閥の間を泳いだりして、うまく

「自分の煩悩を認め、それをコントロールしようというのは、ダークサイド・スキルである。」

立ち回る。ところが、風見鶏のように空気を読むことばかりに長けているから、いざ自分が意思決定しなければいけない立場になると、決められないという人が多い。

また、何でも他人のせいにしたがる他責の人が出世すると、部下のせいにしたり、外部環境のせいにしたりして、結局、誰も責任をとらなくなる。そういう人も、残念ながらプレッシャーのかかるポジションには不向きだ。

内にこもりがちな人も、人を率いるリーダーにはにつかわしくない。自分の殻に閉じこもって、誰とも信頼関係が築けないなら、最初から一人で完結した仕事をしたほうがお互いのためである。

とにかく偉くなりたいという出世欲の強い人は、自分がかわいいだけだから、いざというときに自分の身をなげうって組織のため、部下のために働くよりも、自らの保身に走る可能性が高い。また、これだけは曲げないという自分なりの信念が希薄だから、誘惑に流されやすい。そうなると、どこかで足元をすくわれる可能性がある。

自分の煩悩を認め、それをコントロールしようというのは、ダークサイド・スキルである。英語が得意だとか、数字に強いとか、マーケティングが得意というのは、業務上の経験や学習で培ってきた知識や実践勘の積み重ねであるブライトサイド・スキルだ。それももちろん大事なのだが、ダークサイドの強み・弱みは、自分の価値観や煩悩に基づいている。自分の根っこの部分から来ているから、そう簡単に変えることができない。自分の価値観は簡単には変えられないからブレない信念になるし、自分の煩悩は簡単には変えられないからコントロールする術を身につける必要がある。

自分の人生を三十分でプレゼンする

自分の過去の棚卸しをするといっても、具体的にどうすればよいのか迷う人もいるかもしれない。

私がハーバードビジネススクール留学時代にやったのは、八人の小グループに分かれて、一人持ち時間三十分で自分の人生を語るというものである。話す内容は自分はどこどこ大学の出身で、どの会社に入社して、といった履歴書的な内容ではなく、全員紳士協定としてのNDA（秘密保持契約）を結んで、とにかく恥ずかしいことでもなんでも全部自分をさらけ出すのだ。

三十分というのは非常に長い時間なので、かなり本音の部分まで突っ込んで話をしないと、時間が余ってしまう。やってみるとわかるが、結構泣き出す人が必ず出てくる。それだけ感情をこめて、リアルに自分のストーリーについて、生々しく語るということが鍵なのだ。

話しながら、だんだん自分の頭の中が整理されていくのが本当によくわかった。ああ、自分はこういう人間だったのかと。

自分は何者なのか。何にこだわりがあり、何を大切だと思っているのか。リーダーになった以上、そこをしっかり押さえておかないと、いざというときに、自分が進むべき道を自分で決められない。頭の中でいくら考えても見つからないときは、誰かに向けて説明することで、答えが見つかることもある。

同じ会社の人が相手だと話しにくい面もあるので、研修や勉強会などで出会った別の会社の人たちと取り組むといいかもしれない。自分の恥ずかしい部分も含めて聞いてくれるような信頼できる仲間がいれば、その人に向けて、三十分間で自分の人生をプレゼンする形でもいいだろう。

私の場合は留学先で、ほぼ全員初対面の国籍も違う人たちとグループになって話をした。母国語ではないが、直接利害関係がない者同士だったので、お互いに腹を割って話ができた。その体験がベースにある。

その6

踏み絵から逃げるな

お客の無理難題をはねつけられるか

踏み絵というのは、自分の信念が試される瞬間を指す。

部下に対して「自分はこういう人間だ」「自分が大事にしているのはこういうことだ」と普段から伝えていると、いざそうした信念が試される瞬間が来たとき、リーダーが普段の言動から少しでも外れたことをすれば、部下の信頼は一瞬にして崩壊する。みんなの気持ちが離れていってしまうのだ。

キリスト教の宣教師が、どんなに虐待されてもキリストの踏み絵を踏まずに自らの信仰を貫いたように、いざというときに、自分の価値観と違わぬ選択をし続けられるかどうか、リーダーの覚悟が問われる瞬間というのが必ず来る。

私の経験上、この踏み絵がやってくる瞬間として多いのは、お客とモメたときである。それも、こちらの非はさほど大きくないにもかかわらず割と無理難題をつきつけられてどうしようかというケース。そのお客が長年の上得意であればなおさらだ。いちばん簡単なのは、先方に「ごめんなさい」と謝り、ある程度の無理であっても聞いてあげて丸く収めることだ。とりあえず嵐は過ぎ去ってくれる。それによって、そのお客との関係は、多少交渉条件が悪くなったり一時的な費用が発生するにしても、その後も円満に続くだろう。

もちろん、ビジネスジャッジメントというものがあるのは事実であり、経済的な効果も勘案する必要がある。一方、それでは自分が普段言っていることとは違うし、会社としての方針ともズレている。自分、および会社が普段言っていることに素直に従うなら、ここはお客とことを構えて戦わなければいけない。場合によっては、自分だけでは収拾がつかず、決めぜりふの「上司呼んで来い！」と怒鳴りつけられるかもしれないし、最悪のケース、その後の取引はなくなってしまうかもしれない。しかし、ここで引いたら、自分の信念を曲げたことになる。部下というのは、上司のそういうところを見ているものだ。

踏み絵を前にしても、一歩も退かずに、自分を貫くことができるかどうか。そこが、この先も部下の信頼を勝ち取れるかどうかの境目である。

話を二十代の頃の私に戻そう。私の会社は規模こそ小さかったが、多くの法人のお客様を持ち、かつ日頃から多くの事業機会を色々な方から頂戴していた。先ほども申し上げた通り、立ち上げ当初はなかなか軌道に乗らなかったので、ある意味もらえる仕事は何でも受けた、多少のクレームであればこちらに非がなくとも何とか丸く収め

「踏み絵から逃げないためには、自己の強さはもちろんのこと、やはり事業そのものの強さも大事だ」

てお客との関係維持に努めた。こうして振り返ると、その頃の頭の中は、毎月の資金繰りがほとんどを占めていたように記憶しており、お金を稼ぐためには踏み絵を踏みまくっていたように思う。

要は、踏み絵から逃げないためには、自己の強さはもちろんのこと、やはり事業そのものの強さも大事だと思う。どんなに企業規模が小さくとも、技術やビジネスモデルなど、なにがしかのユニークネスを持っていてそこは誰にも負けない。そして大口取引だけに依存する体質でなく多くのお客と付き合う。仮に一社との取引量が多かったとしても、従属関係になるべく陥らないようにする。

こうした事業の強さ・したたかさがないと、やはり踏み絵は踏んでしまうリスクがある、人間だれしも、背に腹は代えられないからだ。

「男気貯金」を貯めろ

相手に何か文句を言われたら、「こちらに不手際があって申し訳ない」と謝るだけで終わらせて、もめ事を避けてその場を取り繕うのか。それとも表面上は謝った体裁を整えても、こちらに落ち度がなかった場合は、「それは違う」と言うべきことははっきり言って、自分たちの信念を守るのか。

一九八二年に起きたジョンソン・エンド・ジョンソンの解熱鎮痛剤タイレノールのカプセルにシアン化合物が混入されて死者が出た事件では、会社側はその情報が入ってきた段階でいち早く動き、莫大な費用をかけて製品を回収、毒物の混入を防ぐ新しいパッケージに切り替えた。自社に落ち度はなくとも、「消費者の命を守る」という信条の下、迅速な対応をしたことが評価され、損害を最小限にとどめることができたのだ。

メキシコとの国境に壁をつくると主張して当選したトランプ大統領が就任後すぐに移民規制の大統領令を打ち出したとき、アップルCEOのティム・クック氏は「大統領の移民政策を支持しない」「多様性が我々のチームを強くしてきた」とはっきり打ち出した。あれを聞いたアップル社員は安心したと同時に、「この人物は信頼できる」と思ったのではないか。クック氏は踏み絵から一歩も逃げなかったのだ。

踏み絵が提示されたときに、踏むか、踏まないかの二択ではなく、踏みもせず、かといって明確に踏まないと拒否するわけでもなく、なんとなくあいまいにして、その場を逃れるケースが実は多いのではないだろうか。

自分の信念を貫いて、踏み絵を拒むのも決断なら、自分の信念を曲げてでも、ここは歯を食いしばって踏んでおくべきだというのも、ある意味、決断だ。ところが、とにかくリスクを回避しようという人は、踏み絵そのものを見なかったことにする。どうにか丸く収めようということばかりに意識が向いて、〝男気〟を見せない人は、男気貯金ができない。少し前にはやった言葉を借りて〝男気〟と表現したが、女性リーダーも同じく信念を貫くことが重要だ。

男気貯金がたくさん貯まると、部下はついてきてくれる。ほとんどがトラブル対応のケースである。部下はあなたの行動をつぶさに見ている。

部下はあなたをじっと見ている

個人として会社の中でのポジションが上がっていく、もしくは会社が多くの従業員を抱えて規模が大きくなると、個人としても会社としても失敗に対するコストが大きくなる。会社が大きくなると方々に影響を与えてしまうことと同じく、部下を持つと影響力がそれだけ大きくなるので、間違った判断をしてしまった結果に対するリカバリーコストがどんどん高くなっていくのだ。そうなると、物事の判断はなるべく慎重になり、なるべく失敗しないようリスク回避傾向が強くなる。これをハーバードでは「Play to win（勝つために戦え）」ではなく、「Play to not lose（負けないように戦う）」と呼んで厳しく戒めている。

負けないように、失敗しないように行動するのは、サッカーでいえば全員で引いて守っている状態で、たしかに点は取られないかもしれないが、自分たちも点を取ることはできない。リーダーには、時にはリスクを取って攻めていかなければいけない局面があり、そこでリスクを取れるかどうかというのも、別の意味での踏み絵である。

この人はリスクを取って勝負に出るのか、それとも守り一辺倒なのか。改革というのは何かを変えることなので、必ずリスクが伴う。それを承知で、前に進められるのか。リーダーの覚悟と勇気が試される場面なのである。

物事のプラス面を評価するよりも、一度バッテンがついてしまうとなかなか浮上のチャンスがない減点主義の日本企業では、否が応でもリスクを積極的に取りに行くことを嫌う傾向がある。そのため、何か物事を決めるときや新しいことをするときも、誰がリスクを取ったか、誰の責任で実行されたかがわからないように、組織的にオブラートに包むのが非常にうまい。例えば、経営上の意思決定を行う会議においても、誰の発言で決まったかがあいまいで、なんとなくみんなの意見が収束した頃合いを見計らって、議事進行している経営企画部が「では、そういう方向で」とうまく丸めて方向付けてしまう。（逆に言うと、このさばきが上手い〈＝CND能力が高い〉経営企画リーダーは重宝される。さらに「思うように上司を操れ」でも述べた通り、ダークサイド・スキルを駆使することによって、実は意思決定の方向を左右させることもできる）

後に回付される議事録（ドラフト）では、それぞれの役員のコメントが赤裸々に書かれているのだが、それを見た役員達から「いや、そういう趣旨で言ったわけじゃないから」などと修正が入り、結果、議事録（最終版）においては、非常に丸まった表現で落ち着いてしまう。そうしてまとめられた書類に役員全員でハンコを押して承認するから、さらに責任の所在があいまいになる。みんなでリスクを回避していたら、同じような日本企業同士のなれ合いの勝負はお互いに健闘するものの、リスクを顧みずに攻め込んでくるベンチャーや外国企業とのガチンコ対決となると、ひとたまりもなくなってしまう。

イノベーションによって新規事業を立ち上げるとき、シェア争いで勝負をしかけるとき、経年劣化で制度疲労を起こした組織を抜本的に改革するときなど、リスクを取って攻めるべき局面は必ずやってくる。そのときに、誰がリスクを取って立ち上がったのか。自分たちのリーダーはリスクを取れる人なのか。部下たちはあなたの行動をつぶさに観察しているのだ。

有事に際してうろたえないために

いわゆる第四次産業革命といわれる、AI（人工知能）やIoT（もののインターネット）などの技術的イノベーションを起点とした、自動運転やロボットなどの新たなる産業創造は、リスク回避志向の強い大企業の研究開発部門で生み出されるというよりも、積極的なリスクテイカーである大学の研究室やベンチャー企業から生まれるケースが増えている。そのため、大企業はオープンイノベーションでいかにベンチャーと手を組むかということが重要な課題になっている。

ところが、日本の伝統的な大企業は、ベンチャーを見下す傾向が強くて、規模の大小にかかわらず対等に付き合おうという会社はあまりない。

私も何度か交渉の場に立ち会ったことがあるが、たとえば、大企業とベンチャーが提携するために交渉のテーブルについたとして、大企業の側は部長以下、お付きの人間が三、四人くらいが夏でもネクタイを締めてズラリと並ぶ。一方、ベンチャーの側は二十代の若者が一人、下手をすると、短パン、Tシャツ、サンダル姿で、片手にスタバのアイスラテか何かを持ちながら「こんにちはー」とやって来る。その瞬間、大企業の側は「こいつはナメているのか」という雰囲気になる。名刺交換しても、「急ぎの連絡はLINEかメッセンジャーの方がつかまりやすいので、アカウント教えてもらえますか」などと言われて、ますますカチンとくるのである。

ところが、この二十代の若者はすごいのだ。会社の規模にもよるが、十億円単位の話を一人でバンバン決めていく。ここまではOK、ここからはダメというのも、全部その場でその人が判断するのである。

しかし、大企業のほうは何一つその場で決められない。スピード感がまったく違って話にならないのだ。自らリスクを取っている人と、大企業のようにリスクを回避しつつ慎重に意思決定をすることに慣れきった組織とでは、こうも違うものなのだ。

ビジネスには、きれいごとで商売できる表の世界と、殺るか殺られるかの真剣勝負で手段を選ばない裏の世界がある。表の世界では、頭脳明晰なブライト君が活躍する。一方、裏の世界では、人間関係のドロドロをさばく能力や、トラブルに巻き込まれたときの腹が据わった対応力といったダークサイド・スキルがものを言う。

リーダーの覚悟が試されるのは、平時ではなく、有事である。踏み絵を迫られて、思わず踏んでしまうのか、それとも踏まない選択を押し通すことができるのか。普段からリスクを取ることを避けていると、いざというときに人間は臆病になる。「堂々と嫌われろ」にも通じるが、物事を動かすには、それ相応の覚悟が必要である。

結果が出なくても我慢できるか

従来の仕組みを変えたり、戦略を変えたりするときは、最初はどうしても慣性の法則が働いて、それまでの仕組みや行動を維持しようとするので、数字が一時的にネガティブに振れるのは避けられない、と前に述べた。

たとえば、会社の方針によって、いままで地域別の営業組織だったものを業界別に再編しようということになれば、必ず非効率が発生して一時的に業績が悪くなったりする。現場は大混乱し、「やっぱり元の方がやりやすいですよ」と白旗を上げてくる。実はこれは、慣性の法則による現場の抵抗である。その抵抗に負け、数字が悪くなったからといって、すぐに撤回してしまうようでは、リーダーは務まらない。

どれだけ反発を食らっても、どんなプレッシャーを受けても、数字が上向くまで辛抱する。信念を持ってやり続ければ、どこかで潮目が変わる瞬間がやってくるから、そこまで歯を食いしばって我慢できるかどうか。当然、上からも「どうなっているんだ」となじられ、下からも「やっぱり以前のやり方のほうがよかったんじゃないですか」と突き上げられるが、そこを踏ん張れるか。これもひとつの踏み絵である。

リスクを取るということはその見返りが大きい半面、逆にある一定の確率で負けてしまうケースも出てきてしまうのはある意味避けることはできない。サッカーに例えるなら、オフェンスに集中すれば、ゴール前が隙だらけになって、不意を突かれて攻め込まれてしまう確率も上がってしまうのと同じことである。

実際のところ、リスクを取って積極的に勝負に出たが、不幸にもその志ならずで敗れてしまった人たちを、私は何人も見てきている。正直心の中で、「あ、この人も終わっちゃったな」と思ったこともある。しかしながら、5年も経てば、その多くの人がまた中枢に戻ってくるという人事が本当によく起こる。日本の会社の不思議な点として、リスクをとって果敢に散った人は、短期的にはバッテンがついて閑職に飛ばされたとしても、何年か後にはまたメインストリームに復帰するという、なぜだかわからないが不思議かつ健全なブーメラン作用が残っている。

私はこれは、本当に素晴らしい日本の会社の隠れた強みだと思っている。読者の皆さんもこのブーメラン作用を信じるのであれば、ぜひ今のうちに積極的にリスクをとった行動をしてもらいたい。不幸にも敗れ、仮に飛ばされたとしても、命まで取られるわけではないので、ふて寝でもして待っていればいい。いまはタフな経験が買われる時代だ。だから、そういった人は、腐らずに風向きが変わるまで待てばいいし、三十代、四十代ならリスクを取ってチャレンジしたほうがいいと思う。

元トヨタ自動車会長の奥田碩《ひろし》氏は、大胆な物言いや豪放磊落《ごうほうらいらく》な性格から大きな会社の文化になじめず、事実上左遷という形で四十代になってフィリピンへ飛ばされた。そこで腐ったらおしまい、それを逆に好機ととらえて大きな成果を残したことにより、社長へ向けての大挽回劇が始まっていくのである。

チャンスはどこに転がっているかわからない。飛ばされたと思った赴任先が、ホットな新興市場としてスポットライトを浴びるかもしれない。難解なタスクを与えられたとしても、真面目に向き合っていれば、神風も味方して、想定外の結果を出せることができるかもしれない。

むしろ、自分からリスクをとらず、失敗しないように、負けないようにして生き残ってしまった人は、たとえ上に立っても、人を率いて強いチームをつくることはできない。踏み絵から逃げてしまうような人は、リーダーの資格はないのである。

その7

部下に使われて、使いこなせ

改革のウインドウは、一瞬しか開かない

リーダーたるもの、時機を見てリスクを取ってチャレンジすべきだといっても、大きな会社で何もない凪《なぎ》な状態、いわゆる平時において、いきなりドラスティックに何かを変えるのは非常にむずかしい。会社が大きく・古くなればなるほど、その慣性は大きく、なかなか容易に方向転換できないからだ。オーナー経営者ならいざ知らず、いくら本人にやる気があっても、大きな会社の部長クラスが「改革だぁ！」と一人で息巻いても、見事にスルーされるだけ。何もない平時に事を起こすのは、それくらいむずかしいのである。

しかし、そんな大企業でも、時折ウインドウが開くときがある。ウインドウが開くというのは、これまで働いていた慣性がそのままですまなくなるような外部や内部環境の変化、最近でいえばリーマンショックや東日本大震災などの大きな外圧が起こった瞬間、つまり有事ということだ。この風向きが変わって、扉が開いた瞬間にこそ、古くて大きな会社が大胆に改革を実行する機会が隠れている。

しかしこのウインドウ、開いている瞬間はごくわずかで、この機を逃すとすぐにパ

タッと閉まってしまうので、開いた瞬間に一気呵成に改革を進める瞬発力がどうしても必要になる。そのために必要なことは、普段からの草の根運動である。その一つが、『「使える奴」を手なずけろ』のところで述べた自分なりの神経回路なのである。

社内に張り巡らせたシナプスに、平時のときから、自分なりの考え方や価値観をずっとささやき続けておくこと、そしてその考えに共鳴してくれるシンパを作っておくことが重要だ。そうした地道な布教活動があってはじめて、いざというとき、即座に、大胆に行動に移すことができるのだ。改革の扉が開いたその瞬間を逃さず、一気呵成に行動しなければならない。

普段、そんなことを口にしていなかった人が、いきなり「いまこそチャンスだ！」と言ってもすぐに賛同者は集まらない。そもそも自分の考えを説明して納得してもらうだけで時間がかかり、シンパが形成され始めた頃にはもうウインドウは閉まってしまう。だからこそ、常日頃からことあるごとに自分の考えを話して聞かせ、価値観や改革の方向性について共有する仲間を一人でも多く持っておくことが重要なのだ。

「価値観や改革の方向性について共有する仲間を一人でも多く持っておくことが重要」

地道な布教活動をして時を待つ

ミドル改革の成功例として有名なのは、国鉄の分割民営化を推進した三人組の一人、JR東海の葛西敬之名誉会長だ。トップから労組まで分割反対派がひしめく当時の国鉄にあって、地方勤務時代に地道に布教活動を続けて作戦を練り、本社に返り咲いた後は国鉄改革を一気に仕掛け、分割民営化を実現させた。

葛西さんは課長時代に非公式の勉強会をつくり、七、八人の若手を集めて、戦略を練っている。国鉄、日本電信電話公社、日本専売公社のいわゆる三公社民営化を提言した第二次臨時行政調査会（第二臨調）の重要人物であった瀬島龍三さんらをうまく巻き込みながら、時の国鉄総裁を更迭させたりして、分割民営化に至るまでのシナリオを自分の思い通りに描いて実現していった。

普通の人は、酒場で上司の悪口を言って、体制批判すれば、すっきりして終わりなのだが、自分が置かれた状況を冷静に見つめ、自分が何をなすべきか、普段から深く考える習慣のある人は、部分最適と全体最適のあいだの両方をにらみながら、会社の進むべき方向を見通すことができるのだ。

無血革命を成功させたミドル

たとえば、物をつくって売る「売り切りモデル」だったメーカーが、IoTを活用し物を売って終わりではなくその後のサービスで大きく儲けるモデル、いわゆるサービス課金モデルに戦略転換をはかるには、会社のあり方そのものを変えなければいけない。場合によっては、メーカー機能を捨てるくらいの覚悟が求められるほどの大変革だから、すぐには変われない。特に十年後にはいないであろう現在のトップマネジメントの方々には想像すらつかない世界観だ。だからこそ、従来のやり方では十年、二十年先に会社は生き残れないという危機感を持ったミドルの人たちが、時間をかけて準備を進める必要がある。

そこで、ミドルの中核メンバーで密かにディスカッションしながら、少しずつシンパを増やしていく。組織のあちこちに、まさにシナプスのように改革派のミドルがいて、ウインドウが開く瞬間を待っている。まさに「ローマは一日にしてならず」で、十年後、二十年後も会社に残っているはずのミドルが中心となって、そういう地道な草の根運動をしているからこそ、何かの拍子に扉が開いた瞬間、組織をガラリと変えることができるのだ。

ミドルが感じている危機感をトップが共有していないときは、「このままではマズいんじゃないですか」「こういう方向性もあるんじゃないですか」ということを何年も耳元でささやき続けるというやり方もある。事あるごとにそういうことを口にしていると、だんだん「うちの会社も変わらなければマズい」という空気が醸成されていく。

三年前に言ったときは「こいつ、バカじゃないか」と見られたかもしれないが、毎年あちこちで「このままではマズい」とささやき続けていると、そのうち、誰ともなく「このままではマズい」と言い始める。しかも、あたかも自分が言い出したかのように言うのだが、そうなれば、シメたものだ。自分の発案だと勘違いしてくれていたほうが、自ら率先して動いてくれるからだ。これこそ人を動かすダークサイド・スキルである。

それまでは誰も真面目に改革を口にしていなくても、ある臨界点を超えると、マネジメント層が「変わるべきだ」「ここをこう変えよう」と口々に言い始める。重さに耐えられなくなったシーソーがバタンと倒れるように、物の見事に風向きが変わるのだ。その変わり様は、見ていて痛快なほどである。その瞬間が訪れるまでは、地道に布教活動を続ける必要がある。

私の知っている会社で、まさにこのミドルの草の根運動によって大改革を成しえた会社がある。その会社は典型的な古くて大きなメーカーであった。業績も好調、市場での競争力も何ら問題なかったのだが、いかんせん組織内部に制度疲労を起こしていた。

この窮状を見かねた一人のミドルが組織改革の草案をつくり、自分のシナプスに働きかけて徐々に形あるものにしていった。しかしこの段階では、あくまでも正式なプロジェクトとしての活動ではなく、密かにシンパ内だけで進行している裏プロジェクトであった。

ところがである。順風満帆に進んでいた事業だったが、ある競合の動きによって競争環境ががらりと変化、一時的に大きな構造改革を余儀なくされてしまった。つまりウインドウが期せずして開いたのである。この機を逃さずミドルは決起、裏プロジェクトを一気呵成に表プロジェクト化、自分たちの描いた案通りに組織改革をやり遂げてしまった。ほとんど無血革命といってもよい。今はまた、スーパーエクセレントカンパニーに戻りつつある状況だ。

ウインドウはいつ開くかわからないが、どんな会社でも必ず開く瞬間がある。ただしそれはほんの一瞬で、その機を逃すと、またもとの、大きな慣性が働く巨大戦艦に戻ってしまう。だからこそ布教活動をして時を待つことが重要なのだ。

「ウインドウはいつ開くかわからないが、どんな会社でも必ず開く瞬間がある。」

情報を自分から取りに行く

プロローグで述べた通り、ミドルの人たちはトップとも直接アポが取れるし、現場の部下とも直接話ができる。どちらも一次情報ベースで会話ができるので、非常に有利なポジションである。図にすると、トップと部下、逆向きの二つの三角形の結節点にミドルがいるという関係だ。

とはいえ、人間というのは、自分よりも立場が上の人のことはよく観察しているものである。読者の皆さんも、同僚との飲みの席での酒の肴は、おおむね上司の悪口ということはなかろうか。実は、あなたが上司のことをよく見ているのと同じように、部下もあなたのことをよく見ている。ところが、上の人が下のことを同じように見ているかというと、そんなことはない。上司は自分一人でも、下には何人もの人がいるわけで、そこに情報の非対称性が働くのは避けられない。

「思うように上司を操れ」では、トップとミドルの間にある情報の非対称性をどう活用するかが鍵だということをお伝えした。トップと部下、どちらも一次情報ベースの会話と書いたが、実のところは、ミドルは現場と直接話ができるといっても、必ずしも現場のことをすべて見通せるわけではない。自分では一次情報を取ったつもりでいても、実は、少ししか情報が取れていないケースもある。読者であろうミドルの皆さんが、上司に対して情報の選別を行うのと同じように、皆さんの部下も皆さんに対して、意識的・無意識的に情報の選別を行っている。ミドルと部下の間にも、情報の非

図14　情報の非対称性の落とし穴

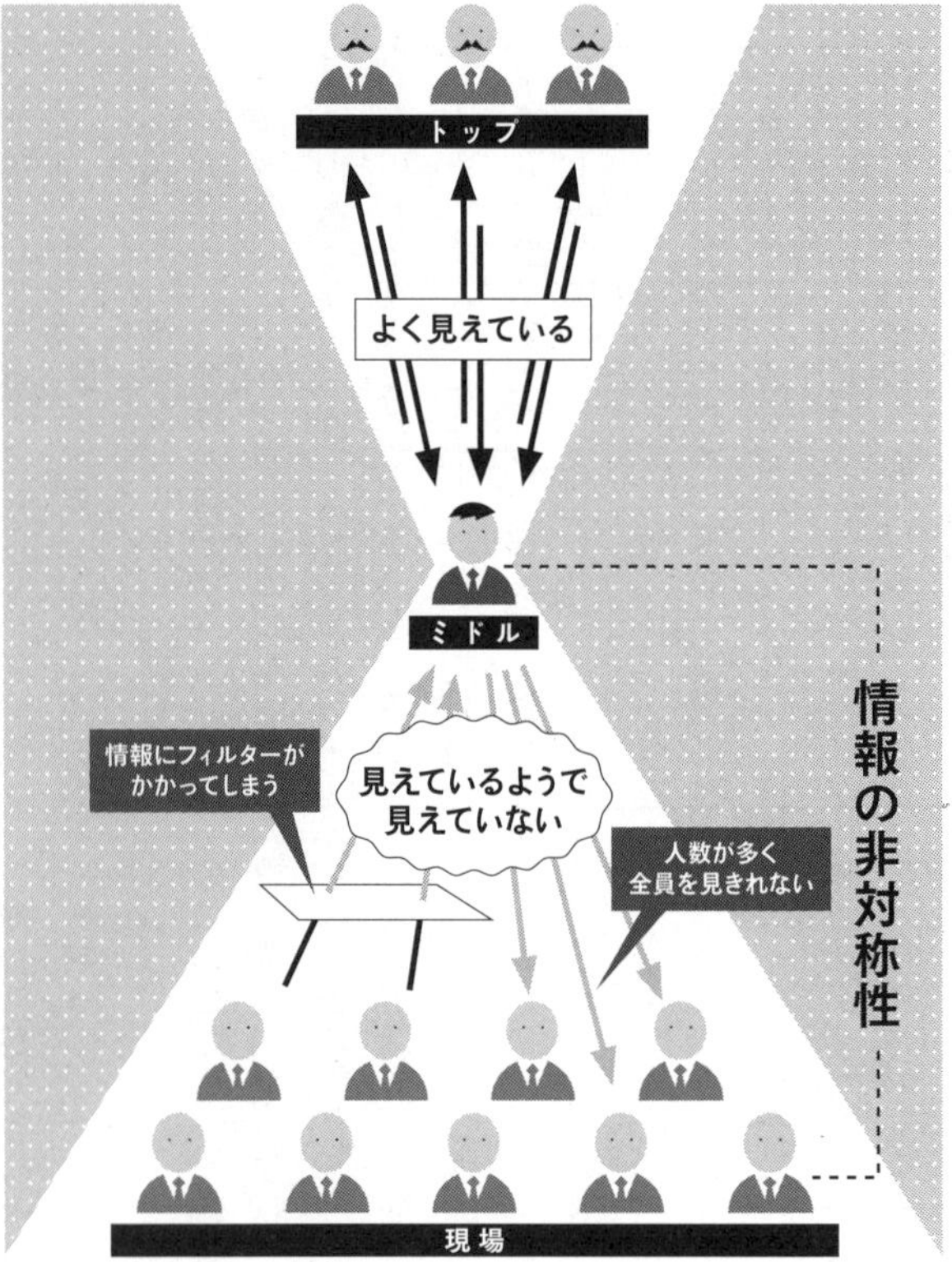

対称性が存在するのだ。ではどうやって、この表に出てこない情報を吸い上げればよいだろうか。

ポイントは、情報は待っているだけでは集まってこないので、自分から取りにいかなければいけないということだ。部下の立場では、聞かれないことをいちいち報告するのは面倒くさいし、自分に不利な情報は基本的に言いたくない。結局、こちらから積極的に取りにいかない限り、入ってくる情報には部下のフィルターがかかっているのである。

そのため、ミドルの人たちは、インテリジェンス活動を上に向けて行うだけでなく、下に対しても同じように行う必要があるのだ。

部屋を開けっ放しにしておくからいつでも話にきていいよと「オープンドアポリシー」を採用する組織や人があるが、役に立ったという話はあまり聞いたことがない。待ちの姿勢では、入ってきたとしても、聞こえのいい情報しか手に入らない。自分から取りに行かなければ、本当にほしい裏情報は手に入らないのである。

正しい答えではなく、正しい質問を繰り返す

では、どうやって部下から情報を引き出せばいいのだろうか。

それは、「KYな奴を優先しろ」で述べた、部下の話を聞く姿勢を持つことだ。繰り返しになるが、若い人と話をしていると、自分のほうが経験豊富、かつ多忙であるだけに、つい答えを言ってすぐに片付けたい衝動にかられがちになる。そこをグッとこらえて、「君ならどんなやり方があると思う?」と聞いてみる。あえて部下に考えさせることで、情報を聞き出していくのである。

聞き手に徹して何度も質問を繰り返すのは、交渉術のテクニックの一つだ。正しい答えを言うのではなく、正しい問いを立てられるかどうか。正しい質問を積み重ねていくと、いままで知らなかった情報がボロボロと出てくる。それこそが、本当の現場の声なのだ。

話しは横道にそれるが、声の大きな人と意見が対立して、相手の言うことが明らかに間違っているとき、それを真っ向から否定すると収拾がつかなくなる。だから、上手に質問を投げかけて、相手に気持ちよくしゃべらせながら、相手が論理破綻するよ

うに仕向けるのが交渉術の常とう手段というものだ。相手にしゃべらせればボロが出る。その段階で「あれ？　さっきはこう言っていましたよね？」と矛盾点を指摘してあげれば、相手も自分が言っていたことに無理があることに気づく。それと同じで、まずは相手にしゃべらせる、そのためにどれだけ効果的な質問が出来るのかが重要なのだ。

部下からのネガティブフィードバックで死角をなくす

「KYな奴を優先しろ」のところでも述べたが、普段からKYなことを言える環境をつくっておけば、部下から情報を取りやすくなる。上におもねるわけではなく、多様な意見が飛び交う状況をつくるときのポイントは、上司が聞き役に回って、部下の意見を引き出すコミュニケーションができているかにかかっている。

たとえば、部下と二人で一対一の面談をしたときに、気軽に部下からフィードバックがもらえるか。三六〇度評価のようなかしこまった人事制度ではなく、「部長、ここは気をつけたほうがいいですよ」と本音で指摘してもらえる関係を築くことができれば、これほど役に立つものはない。

というのも、「煩悩に溺れず、欲に溺れろ」のところで登場した「ジョハリの窓」の右側の「自分が知らない自分」を知るには、他人からフィードバックをもらうこと、なかでもネガティブフィードバックをもらうことが不可欠だからだ。

自分の強みにつながるポジティブフィードバック、いわゆる半分おべっか的な賞賛はもらいやすいが、自分も気づいていないような自分の弱みを指摘してもらうのは、実は相当ハードルが高い。上司が部下を叱責する形なら、ネガティブフィードバックもあるかもしれないが、自分がある程度のポジションになってしまうと、たいてい誰からも指摘してもらえない。それを部下から引き出すためには、粘り強く質問を重ねていくしかないのである。

部下も、上司本人を前にして、いきなりネガティブな評価を口にできるわけではない。悪口ととられたら、自分の評価が下がってしまう危険があるから、最初はほとんどおもねるようなことばかり言うはずだ。しかし、そういうおべっかは全部押し返して、どんどん質問をしていくと、やがてボロボロと本音を語り出す。「実は、部長のこういうところが苦手です」と言わせることができたら大成功だ。

めったに聞けない部下の本音を引き出して、それを自分の糧とすれば、部下も「この人には正直に話をしていいんだ」と実感することができるだろう。その積み重ね

図15　部下から引き出す

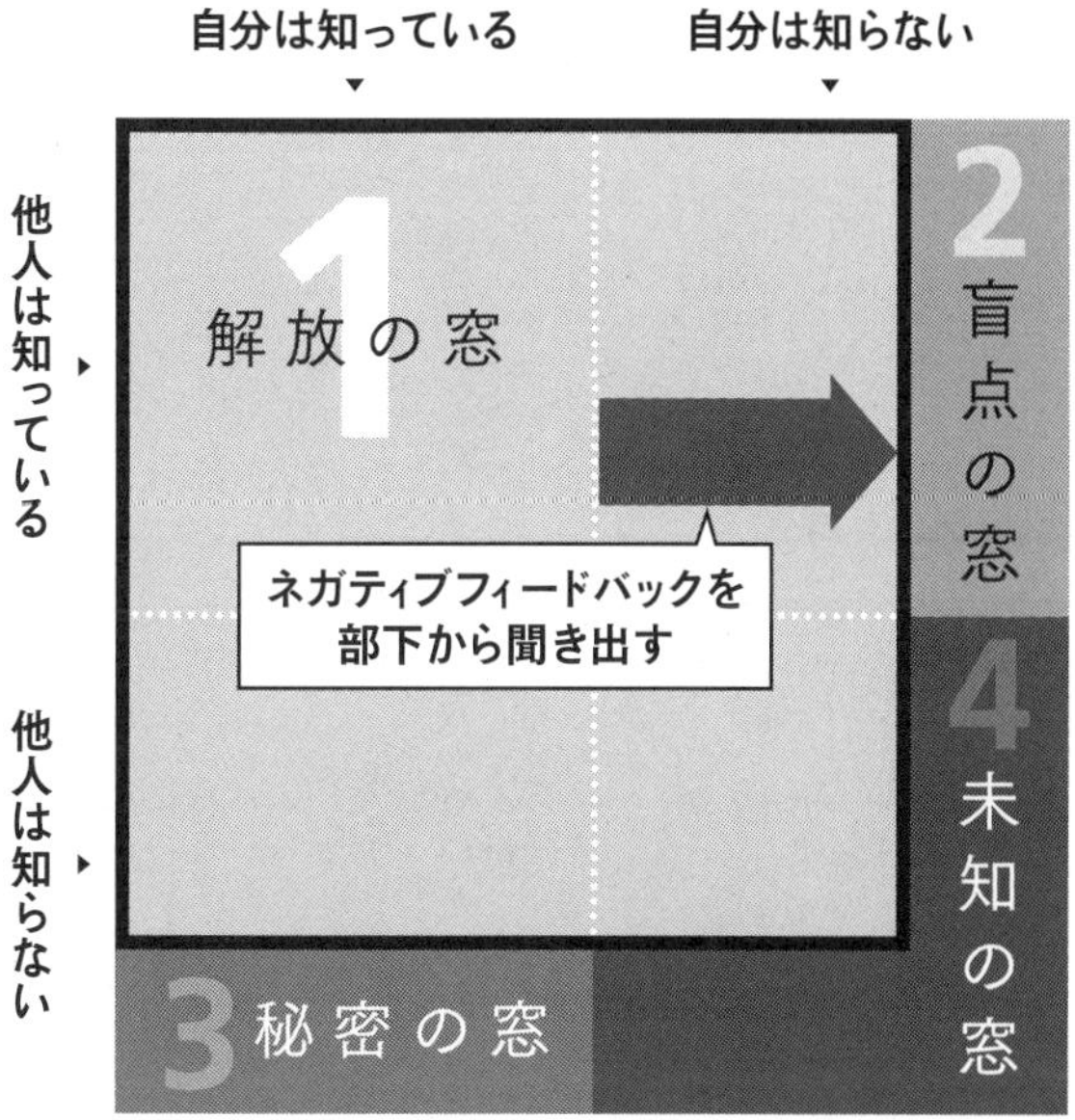

「上司の器の大きさは、部下の多様性を見ればわかる」。

で、自由にＫＹ発言ができる雰囲気ができてくる。

部下から自分も気づいていなかったような自分の弱みを突きつけられるのだから、なかなかつらい作業である。「そんなふうに思っていたのか」と心が折れそうになるときもある。しかし、これをやると、自分の弱点を知り、それを克服することができる。ネガティブフィードバックこそは宝物なのだ。

また、雲の上の存在である部長に対して意見を言おうとしても、生半可なことは到底言えない。だからこそ部下も一生懸命、組織の置かれた課題や改善策など、真剣に考えるようになる。そしてそれらを常日頃から上司に話せるようになれば、たいていのことは臆せず言えるようになる。部下の発言に対する心理的ハードルが下がるのだ。空気を読まず、思ったことを口にできる人が一人でも増えれば、その組織は強くなる。

上司の器の大きさは、部下の多様性を見ればわかる。上司の言うことに逆らわず、おべっかを使う部下しかいなければ、そのチームは上司の能力を超えることはない。似たようなタイプの部下しかいなければ、そのチームからは新しい発想は出てこない。

言いたいことを言い、時には上司とぶつかることもいとわない部下の存在は貴重だ。自分で気づいて自分から行動できる部下がいれば、上司は自分の実力以上のチームを率いることができる。そういう部下をどれだけ抱えていられるかで、上司の実力が決まるといっても過言ではない。自分の部下というのは、自分自身の鑑なのだ。

部下のために七割の時間を使う

実際に部下から聞いたさまざまなフィードバックを意訳すると、「もっと自分たちのために時間を使ってほしい」という声が多いようだ。部下は上司に「自分のことをちゃんと見てほしい」と思っているのである。

体感的には、自分の時間の七割は部下のために使うくらいの心がけでちょうどよいのではないだろうか。顧客対応や社内の調整に使うのは三割くらいで、残りの七割を部下のために使うと決めていても、トラブル対応やさまざまな調整で、実際には半々くらいに落ち着くはずだ。しかし、最初から部下に割く時間を半分と決めておくと、おそらく二、三割しかそのための時間はとれないだろう。それでは、下の人間の不満を解消することはできないのだ。

飲み屋の話題はだいたい上司の悪口だ。「部長はいつもああ言ってるけど、全然違うよな」という愚痴を、部長本人が聞くことはまずない。しかし、そうした不満を聞くことができれば、上司と部下の関係は劇的に変わるはずだ。それを一対一の面談で聞き出してしまおうというのが、この話の趣旨である。

そして、心情的には七割、実際には五割の時間を使って部下と接触していれば、「部長は自分のことを気にかけてくれている」という信頼につながり、それがいざというときに自分の手足となって動いてくれる部下を育てることになる。ダークな言い方をすれば、部下に七割の時間を使うと見せかけて、実は、自分の目的を達成するために七割の時間を使っているともいえる。

GE（ゼネラル・エレクトリック）がリーダー育成に力を入れていることはよく知られている。たとえば、二年ごとに職場を変えられるキャリアオポチュニティシステムでは、本人の意思で次に行く部署を決められる。部長にそれを止める権限はない。ということは、どこ出身の人が使えるのか使えないのか、部下を育てられない部長は誰か、部長同士は全部知っているということになる。部下がみんな出ていって、誰も入ってこないところの部長は失格だ。

いい上司のところで育ったできる部下は、出ていった先でも活躍できる。部下は部下で、誰が教育熱心なのか、情報交換するようになる。部長同士の情報交換がさかんで、誰がどんな人間なのか、お互いに真剣に話し合っている。いい意味で、上と下のせめぎあいが発生する仕組みになっているところが、GEの巧みなところである。

執着できないのなら、リーダーになるのはあきらめろ

日常的に諜報戦を戦っている人たちは、上に行けば行くほど孤独になる。同じ目的に向かって行動する仲間はいても、お互いの関係はドライだ。学生時代の友達のようなウェットな関係ではない。

若いときは楽しかったランチタイムも、上に行くほど、一人で短時間で済ませるようになる。そういう割り切りは必要だ。

そして、強いトップは変わった人が多い。なんでもできる万能型というよりも、ある部分に強いこだわりを持っていて、そこに対する執着心が並大抵のものではない。

ただの願望というよりは、誰が何と言おうと実現させるという執念だ。

会社が危機に陥ったときにトップになったコマツの坂根正弘さんや、日立の川村隆さんも、何が何でも改革をやり遂げるという強い信念の持ち主だった。従来のやり方を徹底的に見直し、会社のあり方そのものにメスを入れる。ただでさえ反対派が多いなか、トップに最後までやり遂げるという執念がなければ、簡単に揺り戻しが起きてしまう。自分が何を成し遂げたいのか、そこに執着できるものがなければ、改革を率いる真のトップリーダーは務まらない。

自分にはそういう執着心がないとわかっているなら、最初からトップリーダーを目指さないことだ。働き方の多様化がこれだけ進んでいる今日、昔のように終身雇用で全員がトップを目指す時代は終わった。自分の専門性を活かしてスペシャリストとして生きるもよし、トップリーダーの参謀として生きるもよし、あるいは煩悩の赴くままに気ままな人生を送ってもよし。生き方の選択肢は広がっているから、自分なりの居場所を見つけて楽しい人生を送っていくことは、いくらでもできるはずだ。

最後は人間力の勝負

昔のリーダーシップは、ポジションパワーが土台にあった。社長や部長という肩書にこそ意味があって、人物というよりも、その肩書に対して、みんなが付き従っていたという面がある。しかし、いまはポジションパワーだけでは部下をマネジメントできない。ヒューマンパワー、つまりその人が持つ人間力の勝負になっている。

肩書をフル活用したパワーマネジメントは、部下の恐怖感を利用した恐怖政治になりやすい。だが、恐怖政治が長続きしないことは、歴史が証明している。必ずどこかでひっくり返されるのだ。また、肩書に頼って仕事をしてきた人は、肩書を失った瞬間、誰もついてこなくなる。

「肩書に頼って仕事をしてきた人は、肩書を失った瞬間、誰もついてこなくなる。」

部長が「今日、飲みに行くか」と若手を誘って「残業代は付きますか?」と聞かれるということは、一緒に飲みに行く価値がないと思われているということだ。要するに、見切られているわけだ。少なくとも、「この人の話は聞いておきたい」「この人とつながっていれば得だ」と思われていれば、毎回断られることはないはずだ。

ポジションパワーで無理やり言うことを聞かせるのではなく、「この人のためならしかたない」と思わせるだけの人間力があるか。そうした人間力は、普段の言動の積み重ねで養われていくものである。

リーダーシップは持って生まれた先天的な能力ではない。これまでの経験を棚卸しして、自分の強みや弱さをしっかり認識したうえで、自分が陥りやすい罠を避け、部下ときちんとコミュニケーションを重ねていけば、リーダーシップは自然と発揮できるようになる。

ひと口にリーダーシップといっても、人によってやり方は千差万別で、誰かのやり方を真似て同じことをやろうと思っても、うまくいかない。性格や生きざまによって、人それぞれ発揮のしかたが違うのは当たり前で、自分なりのやり方を見つけていくしかない。

自分はどんな価値観を大切にしていて、どういうコンパスを持って、どんな方向に行こうとしているのか。結局、自分とは何者なのか。何を実現したいのか。そこから逆算していくのが、ダークサイド・スキルを駆使する真のリーダーのあり方だ。誰にも通じる唯一の答えはない。自分で見つけるしかないのである。

ダークサイド・スキルを磨くポイント

DARK
SIDE
SKILL
Part.Ⅱ

DARK
SIDE
SKILL

Part. Ⅱ

パート2では、ここまでで述べたダークサイド・スキルを
磨き上げ、使いこなすための心構えについて解説する。

その1　いつでも戦える態勢を整える
その2　人を操る3つの力
その3　ブレないリーダーになるために

ダークサイドは、そのダークさ故に、
使い方を誤ると良からぬ結果を招くことがある。
ここに挙げたポイントをよく理解して、
足元をすくわれないよう気をつけてほしい。

その1

いつでも戦える態勢を整える

「『合理と情理のはざま』を理解してこそ、人を動かすことができる」

「人は見たい現実しか見ない」というカエサルの言葉は人間の本質をよく表している。見たい現実だけを見ていれば、気持ちはいいかもしれないが、現状からの成長は望めない。見たくない現実まで直視し、慌てることなくいかに客観性を保てるか。この勇気を持つこと、IGPI代表の冨山の言葉を借りれば、「合理と情理のはざま」を理解してこそ、人を動かすことができるのだ。

ビジネスを冷静に考えたときに、いちばん客観的で論理的帰結として導き出せる解といえるのは、経済合理的な判断だ。この事業を続けていてもこれ以上回復する見込みはない。だから、売却するなり整理するなりして、次の展開を考えなければいけない。私たち外部の人間が指摘しなくても、その会社で何十年も飯を食ってきた人なら、それくらいのことはわかっている。わかっていても、誰も言い出せない空気が支配している。「それを言っちゃおしまいよ」というわけだ。

「無礼講・ゼロベース」でも本音は出てこない

潰れかけた企業の再生局面では、どの事業を畳んで、どこの工場を閉鎖するか決める必要があるが、どこにメスを入れるべきか、その会社の人間ならたいてい知っている。しかし、怖くてそれを言い出せないのだ。産業再生機構が手がけたカネボウをはじめとする多くの企業がそうだったが、見たくない現実からはみんな目をそらして、言葉を濁す。わかっているはずなのに、表立っては誰も口にしない。そこが第一の問題だ。

なぜ言えないのか。いちばんの理由は自らの保身だ。問題を指摘した瞬間に消されてしまうリスクがあるので、あえて自ら火中の栗を拾いにいかない。パート1の「踏み絵から逃げるな」のところで述べたように、上に行けば行くほど、失敗に対する許容度が下がってしまうので、「なぜ自分がこんなところで正論を述べて飛ばされなければいけないのか」と思って口をつぐんでしまう。

部長連中が集まって飲み屋に行けば、「こうしなければダメだ」とみんな平気で口にするのだ。しかし、表立ってそれを言う人はいない。

日本を代表するグローバル企業の執行役員クラス数十名を集めた研修を行ったときのこと。午前中にチームに分かれて五年後、十年後に向けて当社は何をすべきかという議論をしてもらった後、午後に社長以下経営陣に各チームがプレゼンテーションしてもらったのだが、おもしろかったのは、午前と午後で話す内容が違っていたことだ。

テーブルでワイワイ議論しているときは、けっこう過激な意見も出るのだが、いざ社長を前にすると、みんなお行儀のいいことしか言わなくなる。私たち外部の人間がファシリテーションして、「今日は無礼講で、ゼロベースで考えましょう」とさんざん誘ってみても、尖った意見が出なくなる。ただの研修でさえ、こうなのだ。

そこにボールを投げ込んだのは、空気を読まない外国人の役員だった。それに対して、日本人はお互いの顔色をうかがうだけで、最後はなんとなく尻切れトンボになって結論を出さずに終わってしまった。

本来なら、そこにいるミドルの人たちが、見たくない現実を直視して「これが問題だ」と声を大にして言える仕組みが必要なのだ。それができれば、会社は変わる。しかし、それができないのは、普段からそういうKYな発言を意識的・無意識的に避けているからだ。日常的にできていないことを、社長の前でいきなりやれと言われて、できるものではない。

空気を読みすぎて、居ても居なくても同じという空気のような存在になってしまわないように、現実を直視して思い切って発言する勇気がほしい。

先送りしていいことは何もない

相場格言に「まだはもうなり」というものがある。まだ値上がり（値下がり）続けるだろうと思っていると、もう局面は変わっている。決断を先送りしていると、タイミングを逃すということだ。

日頃の小さな問題でも、先送りせずに、その場で決断しているかどうか。誰々さんにお伺いを立てておかないと後で面倒なことになるとか、上司に報告するのはもっと後でいいのではないかといった面倒くさい意思決定から逃げずに向き合っているからこそ、いざというときも迷わず行動に移ることができる。

毎日、そういう小さな意思決定を真面目に積み重ねておかないと、一九八九年末にバブルが崩壊したり、二〇〇一年にドットコムバブルが崩壊したり、二〇〇八年にリーマンショックが起きたりして、ウインドウが開いた瞬間に行動に移せない。改革への追い風が吹いているのはわずかな期間で、ほとぼりが冷めれば、みんな忘れてしまう。「あのとき、ああしておけばよかった」と思っても後の祭りで、次の風が吹くまでひたすら我慢して待つしかない。

「部長になったらやる」はやらない言い訳

「自分はまだ課長だから」「部長になったらちゃんと決断するよ」「役員になったらやるよ」といって先送りしている人は、おそらく部長になっても、役員になっても、うまく決断できないだろう。

上司と部下という特別権力構造にあるときしか部下のマネジメントができない人は、肩書とセットでなければ人を動かすことができない。しかし、ポジションパワーに頼らなくても、何かを決めたり、人を動かしたりすることはできるわけで、「部長になったら」「役員になったら」と先延ばしせず、いまできることを早いうちからトレーニングしておくことが大事なのだ。

それができない人が、ギリギリまでファイティングポーズを崩さず、最後の最後でいきなり白旗を揚げてしまうのである。

ある会社で経営企画部にいた人が、たまたまいちばん調子の悪い事業部の事業部長に異動になった。経営企画部時代はさんざんその事業部をいじめていて、「いつまで赤字を垂れ流しているんだ」と文句を言っていたのが、自分がそこの人間になった途端、「まだ大丈夫」と言うことが一八〇度変わった。あれだけ数字に厳しかった人が、そこに行った瞬間、希望的観測を語るようになったのだ。結局、その事業部は継続不可能ということで切り出す形になったのだが、その部長は最後まで「大丈夫です」という姿勢を崩さなかった。だから、余計に血みどろの撤退戦となってしまった。

トップとしてはその部長にしんがりをきちんと務めてほしかったのかもしれないが、本人は保身のためにお絵描きを始めてしまった。言い出すのが怖かったのだろう。

欧米企業の場合は、事業ポートフォリオの入れ替えはわりとドライに淡々と進めていくので、そもそもそこまで悪くなるまで放置しておかないし、仮にそこを切り出して他の会社に売却したとしても、部長がそのまま新会社に移っていくのは、ごく一般的な風景だ。そこをうまくバトンタッチできたら、その人の評価は上がるはずだ。

ところが、日本企業の場合は、元の会社にしがみつきたがる人が多い。会社か事業か、というのはよく考えるべき点だと思う。利益を出して社会に付加価値を提供しているのは会社ではない。そこで営まれている事業だ。その事業にしがみつくのはまだわかるが、会社にしがみついても、真の意味での見返りがあるわけではない。人事評価も、これまでは業績のいいエリートコースを歩んできた人が出世する仕組みになっているから、業績が悪い部門で血みどろの撤退戦を戦った人はあまり評価されない。

そういう仕組みだから、「部長になったらやるぞ」と思っていても、部長になれないかもしれない。「役員になったら」「社長になったら」と先延ばししていては遅いのだ。いまできる決断を先送りしない。これを普段から徹底しておくべきである。

「戦う時間はごく限られている」というミドルの現実

マキャヴェリは『君主論』の中で、君主の最大の関心事は軍事だと述べている。企業でいえば、戦いは現場で行われている。だから、現場に出続けることが重要だ。

部長クラスになると、一日のスケジュールの大半は会議になる。しかもこの会議がクセモノである。「踏み絵から逃げるな」で述べたとおり、日本の場合、リスクをどうやってオブラートに包むかに長けた文化が根っこにある。ほとんどの会議は全員でリスクヘッジをするための報告の会議だ。みんなで共有しておくことこそに意味がある。みんな聞いたことにしておけば、誰の責任かあいまいになる。大きな会社になるほど、このあいまいさが美徳とされる。

自分自身の一日を振り返って考えてもらいたい。朝から晩まで五つの会議が入っていたとして、その中で自分が発言している時間は何分くらいあるだろうか。部下の報告をずっと聞いているだけで一日が終わってしまうケースも少なくないはずだ。ところが、上には上がいて、社長になると、会議に出る真剣度が他の人とはまるで違う。そもそも情報が足りないわけで、細大漏らさず聞くようになるし、何か意見を求められたらその場で答えなければいけない。会議で寝ている余裕などないのである。

課長以上の管理職になると、部下のマネジメントに費やす時間や、会議に出る時間が増えるので、自分の仕事に使える時間はどんどん短くなっていく。それにもかかわらず、自分の時間の七割は部下のために使うべきだと言っているわけで、戦える時間は本当に短い。そうなると、生産性を劇的に上げなければ、自分の仕事をすることさえ、ままならない。

時間のない中間管理職にとって、五分、十分の細切れ時間も貴重なので、ネットサーフィンをしている暇などないし、五十代になると体力も衰えてくるので、長時間労働にも耐えられない。だから、生産性を上げなければ、まともに仕事もこなせないし、最悪の場合、病気になってしまうかもしれない。それがミドルの現実だ。

戦う時間は限られていても、有事の際にはいつでも第一線で戦えるだけの戦闘能力は残しておくこと。そのためには、現場と話す時間、自ら現場に足を運ぶ時間をできるだけ確保して、現場から遠ざかりすぎないことが重要だ。

昔は、現場から上がってくる稟議書にハンコだけ押していれば組織は回ったかもしれない。偉い人は会議に出て、後はお客さんと宴会して良好な関係を築いていればよかったのだが、いまは会社にそんな余裕はない。組織の中できちんと機能するミドルになるには、生産性を上げ、自ら現場に足を運ぶ時間を確保しなければならない。牙を磨いていつでも使えるようにしておかなければ、いざというときに戦えない。せっかく身に付けたダークサイド・スキルを使うチャンスはやって来ないのだ。

その2

人を操る3つの力

ダークサイド・スキルは人を動かし、組織に影響を与え、その場を支配する力である。上司を操り、部下を掌握し、組織の中に張り巡らせたシナプスを駆使して、望んだ結果を勝ち取るには、何よりもまず、人を思い通りに動かす必要がある。

人を動かす力を分解すると、次の三つの力に分けられる。

表と裏を使い分ける「コミュニケーション力」——力その①

人を動かすには、まず相手とのコミュニケーションが不可欠だ。KYな奴を優先しろという話をしたが、KY発言を取り込むときほど、真面目にコミュニケーションを取らなければ誤解が生じる。あうんの呼吸で、言わなくてもわかるすり合わせ文化ではなく、空気を読まない自由な発言だからこそ、きちんと言葉にして意思疎通をはからなければ、リーダーの役目は務まらない。

コミュニケーション力には、ブライトサイドとダークサイドの両面がある。筋道立てて相手を説得するのはブライトサイド・スキルであり、情に訴え泣き落とすのはダークサイド・スキルである。どちらが欠けても、人を思い通りに動かすことはできない。

物事を演繹的に考えて、まず結論ありきで、理由は三つある、第一に……といった立て板に水のロジカルな説明が有効な場面もあるが、それだけでは現場が納得しないときがある。そうなると、相手の置かれた状況に一つひとつ共感を示しながら、でもここはこう変えたほうがいいよね、と膝詰めで口説き落としたほうがいい。特にどうしてもリストラをしなければいけないときなどは、いきなり「来月工場を閉鎖します。なぜなら」と説明を始めるよりも、「いま会社はこんな状況にあって、いろいろ手を尽くしたけれども、どうしてもこの工場を閉鎖しなければならないことになりました。どうかご理解ください」といって頭を下げたほうが、話し合いがスムーズにいくはずだ。

逆に、相手を叱るときは情に訴えるのではなく、「〇〇さんのここは問題だ。なぜなら」とロジカルに叱ったほうが、叱られた当人も納得しやすい。だから、シチュエーションに応じて、コミュニケーションのスタイルを切り替える必要がある。リーダーは、合理と情理の両方を使い分けることが求められているのである。

財務三表が読めるのは絶対条件

ブライトサイドのコミュニケーション力としては、もう一つ、数字に強いことがリーダーの絶対条件になる。特にPL（損益計算書）、BS（バランスシート）、キャッシュフローの財務三表が読めること。これだけは読めないとどうしようもないので、自信がない人はいまからでも勉強しておいたほうがいい。

財務三表が読めるというのはどういう状態かというと、一つは自分の事業の儲けのメカニズムがわかること、二つ目はきな臭い部分を発見できるかどうか、三つ目は施策と数字が紐付いているかどうか、である。

PLについては、事業をやっている人ならよくわかっている。売上がいくらで、コストがいくらで、利益がどれだけ出たかは、つねに意識しているので問題ない。ところが、BSになると、とたんに理解があやしくなる。いくらお金を投入して、どれだけの資金を設備や運転資本に投下して、それがきちんと回っているのか、それとも寝ているのかを見ていくのだが、BSを見ずにPLばかり見ているから、この二つの掛け算で出てくるキャッシュフローに目が行かない。それでは会社を経営することはできないのだ。しょせん会社というのはキャッシュが回るか否かである。PLだけの世界では、勘定合って銭足らずになってしまう危険をはらむ。

ある会社では、新しく部長になった人に、自社の過去十年分の決算書を渡して、これを分析してトップにレポートしろという課題を出している。売上とコストと利益くらいはわかるが、決算書なんて読んだことがないという人は、ものすごく焦ることになる。

儲けのメカニズムについては、『稼ぐ力を取り戻せ!』(日本経済新聞出版社、二〇一三年)でくわしく述べたが、たとえば、あるメーカーはコスト構造上、外部変動費が七割を占めていた。そうなると、規模の経済を狙って生産スケールを拡大しても、コストはそれほど下がらない。むしろ、個別商品の収益管理をしっかりやって、儲かっているものと儲かっていないものを峻別して、やめるものはやめる、やるものはやるといった具合に、ブレーキとアクセルを踏み分けたほうが儲けが出る。

ところが、その会社の営業のインセンティブ制度が売上を基準にしていた。そうなると、営業部のマインドとしては利益を度外視して売上を上げにいきたくなる。結果的に、売上は伸びているのに利益率が下がっていた。

このケースでは、会社が利益重視の姿勢を打ち出してあげれば、一時的に売上は落ちるものの、利益率は跳ね上がり、稼ぐ力を取り戻すことができた。このように、自社の儲けのメカニズムがどうなっているかがわかっていないと、「もっと売上を伸ばせ」と間違った指令を出すことになりかねない。

きな臭い数字をかぎ分ける力

「つじつまが合わない部分を見つけて、そこに違和感を感じられるかどうか」

二つ目は、取引先やM＆Aを検討している先、つまり他社の数字を見たときに、「どこかおかしい」ときな臭い部分をパッと発見できるかどうか。売上高営業利益率が何％だとか、教科書に載っているような分析ではなく、つじつまが合わない部分を見つけて、そこに違和感を感じられるかどうかが重要である。

たとえば、対前年比で見たときに在庫が減って、売掛金が減っていれば、その分キャッシュが増えていると予想できる。キャッシュが増えれば、本来なら負債が減っていなければおかしいということになる。ところが、短期借り入れが増えていた。増えたはずのキャッシュはどこに行ったのだろうと思って探していくと……と何やら粉飾めいた話になってしまったが、そこまでいかなくても、お金の動きを有機的に見ていくと、「あれ？」と思う瞬間がある。本来ならこうなっているはずなのに、なっていないのはなぜか。そういう素朴な疑問を突破口に、財務三表を行ったり来たりできるようになれば、とりあえず合格だ。

三つ目は、PLの数字をよくするための施策と、BSに効く施策と、キャッシュフローを改善する施策は、実はそれぞれ微妙に違って、トレードオフの関係にある。PLを改善するために短期的に利益を出そうとすると、BSにしわ寄せがくる。キャッシュをしっかり温存しようとすると、PLにしわ寄せがくる。だから、いま自分たちがやろうとしている施策が本当に目的に合っているのか、知っておく必要がある。

たとえば、顧客囲い込み型のビジネス（携帯電話のキャリアや業務用のコピー機など）において、将来の稼ぎのために顧客獲得に力を入れると販促費が膨らむので、単年度ベースのPLは悪くなる。しかしこれは将来のための仕込みだ。一方、今年度の利益を重視しようとすれば、多少の事業拡大はブレーキを踏む必要がある。財務三表が有機的につながっているといっても、事業や会社の置かれた状況において、優先度の高さは異なってくる。いま自社において最もプライオリティが高いのは何で、そのためにどんな施策が必要なのか。そこをきちんとわかっておくことが重要だ。

硬軟織り交ぜて人を動かす「人間力」――力その②

人を操る力の二つ目は「人間力」である。

部下を動かすにはポジションパワーではなくヒューマンパワーが大事だ。相手に畏怖の念を抱かせるリーダーこそ真のリーダーだという話は、パート１の「堂々と嫌われろ」のところでくわしく述べた。

人間力について付け加えるとするなら、相手に近づきすぎないことが大事である。相手との距離感を間違えて、近づきすぎてしまうと、ただの仲良しになってしまう。人間にはどこかで自分を良く見られたいという思いがあるから、部下に対しても、人気取りに走ってしまう傾向がある。だが、そうなると、いざというときのコワモテな顔が使えなくなってしまうのだ。

いつも甘い顔をしているだけではダメで、時に厳しさを見せないと、人を率いたり、指導したりすることはできない。だから、コワモテの顔をいつでも使える切り札として手の内に持っておく必要があるのだ。相手と仲良くなってしまうと、コワモテのカードが切れなくなる。

たとえば、部下と二人で飲みに行って、お店のお姉さんを相手にバカ話をしたとする。「部長、おもしろいっすね。また行きましょう」と言われて調子に乗っていると、その瞬間に、コワモテのカードは消えている。いざというときに厳しい口調で部下を叱責してみても、「何をいまさら」と思われてしまうからだ。要するに、なめられてしまう。

そうなると、部下に無理やり言うことを聞かせるためのこちらの持ち札は、ポジションパワーだけになる。相手も命令だから聞いたふりはするだろうが、内心は舌をペロッと出しているかもしれない。

**「部下を動かすには
ポジションパワーではなく
ヒューマンパワーが大事だ。」**

本書で述べてきたダークサイド・スキルは基本的にヒューマンパワーのマネジメントなので、硬軟織り交ぜて相手を動かすところに妙味がある。その意味でも、ほどよい緊張関係を維持することが不可欠で、いつでもコワモテのカードを切れるように、温存しておく必要があるのだ。

自分たちのことを見てくれているという安心感

人間力についてもう一つ補足すると、人を率いるリーダーは、上ではなく下を見ることが大事である。

部下からすると、「この人は上しか見ていないな」と思うか、それとも「この人は自分たちのことをちゃんと見てくれている」と思うかでは、安心感はまるで違う。自分の上司が上ばかり見ていたら、部下には「この人は自分のことしか考えていない」と感じられる。何かあったら自分たちは真っ先に切り捨てられるのではないかと不安に思う人もいるかもしれない。

逆に、自分の上司がいつも下に目配せしていれば、「いざとなったらこの人は自分のことを守ってくれる」と思うものだ。そういう信頼を勝ち取ることができれば、上司は部下を自分の思い通りに使うことができる。

部下のことをいつも気にかけているつもりでも、会社がこれ以上立ち行かない状況に陥って、どうしても厳しい選択を迫らなければならないケースがあるかもしれない。例えば、事業ごと他社に売却したり、もしくは事業を撤退したりなど、部下の会社でのキャリアが閉ざされてしまうような厳しい意思決定だ。

そういうときはウェットなコミュニケーションで、誠心誠意、説得するしかない。五年、十年先まで見据えてその人のキャリアのことを考えた場合、本当にその人にとって最良な選択肢は何か。なるべくその人の人生を壊さない形で、できるだけ早く結論を出してもらうようにする。遅れれば遅れるほど、その人の選択肢はどんどん狭くなっていく。

しかし、早いタイミングでうまく説得できないと、最後はドライなコミュニケーションしかとれなくなる。辞めてもらうにしても割増退職金の原資もどんどんなくなっていく。だから、上司としては、情を尽くして、早い決断をうながす必要がある。

一方、パフォーマンスが水準に達していない部下や、不祥事を起こしてしまった部下に辞めてもらうときは、「申し訳ないけれど、うちにはもういられないよ」と最初からドライにビシッと言ったほうがいい。そこで、ウェットに話をすると、かえって感情的にこじれてしまう可能性があるので、そういうときは徹底的にドライにやったほうがいい。

リーダーとしての高い使命感——力その③

人を操る三つ目の力は、「リーダーとしての高い使命感」である。

パート１の「煩悩に溺れず、欲に溺れろ」のところでも述べたが、人に向かって偉そうに言う人間は、自分を厳しく律する必要があるということだ。

いまはＳＮＳで社員同士が情報共有するくらいの時代だから、いろいろなところで見られていることを強く自覚すべきである。下の人たちは上司のうわさ話が大好きで、悪口も一瞬で広まってしまう。スキャンダルは本当に命取りになりかねないので、気を付けたほうがいい。男性の場合は、だいたい女性問題か、お金の問題だ。

社員が何万人もいる会社なら、色恋沙汰がないほうがおかしい。だから、それでクビになることはないかもしれないが、一定以上のポジション、パワーと影響力を行使する立場になった人は、しっかりけじめをつけたほうがいい。そうでないと、足元をすくわれる恐れがある。

もう何年も前の話だが、歯に衣着せぬ発言で知られる有名な経営者の方と、あるホテルのロビーでばったりお会いしたことがある。エレベーターから若い女性が「お待たせ」と出てきて、その方は冷や汗を垂らしながら明らかに狼狽していた。そういうのを見てしまうと、「この人についていって大丈夫だろうか」という疑念が生じる。次の瞬間には、そのうわさは社内を駆け巡っているかもしれない。信頼を得るには時間がかかるが、失うのは一瞬のことだ。

ウシオ電機創業者の牛尾治朗さんは、思想家の安岡正篤さんから「俗望を捨てて、雅望に生きよ」という言葉をいただいたと述べている。俗望というのは金銭欲や名誉欲といった俗っぽい欲望のことで、雅望はその対極にある願いや志を指す。煩悩をなくすことはむずかしくても、遠ざけることはできる。うまく自分でコントロールしながら、より高い志をもって、人を率いるべきである。

「煩悩をなくすことはむずかしくても、遠ざけることはできる」。

その3

ブレないリーダーになるために

リーダーがリーダーであるためには、ブレない信念が必要だ。あっちに行ったりこっちに行ったりして、方向が定まらない人には、誰もついていきたがらない。芯のしっかりした人間でなければ、「この人がここまで言うならしかたない。頑張ってみるか」と周囲の人は思ってくれないだろう。

では、ブレない信念とは何だろうか。どうやってつくればいいのだろうか。ブレない信念をつくるために、以下の三つを提案する。

数値目標ではないビジョンをつくる

リーダーとして、将来に向けた「ビジョンをつくろう」というのが、第一の提案だ。

毎年の予算があって、中期計画があって、という具体的な数値目標とは別に、もっと根本的なところで、どんなチームでありたいのか、自分はその中で何を成し遂げたいのかということを一度整理しておくと、チームを率いる上での軸ができる。軸がないと、いろいろな誘惑に負けそうになったり、インセンティブによって人に動かされる側に回ってしまう。

部門長として、自部門はどうありたいのか。もっと上の全体最適の目線で、会社としてどうありたいのか。本書をきっかけに、自分がどうありたいのか、自分の組織がどうあってほしいのかをじっくり考える時間をぜひつくってもらいたい。

言行一致を目指す

第二の提案は「言行一致を目指そう」ということである。

そのためには、部下との積極的なコミュニケーションが不可欠だ。私はこう考えているということを事あるごとに伝える。くどいくらい何度も繰り返して言わなければ浸透しないのだ。

言い続けていると、あるとき、踏み絵がやってくる。「部長はいつもこう言っているけれど、本当かな」というのを試される瞬間が必ずやってくるのである。そのときに、これまでさんざん口にしていた自説を曲げて踏み絵を踏んでしまったら元も子もない。踏み絵を踏まないまでも、それをなかったことにしたり、見えないところに遠ざけたりしても、部下はお見通しだ。

踏み絵から逃げない。逃げずに、堂々と「私はこう思う」と主張する。言行が一致していれば、そこに信頼が生まれる。逆に、言っていることとやっていることが食い違う人は、信頼されないのである。

腹をくくる

第三の提案は「腹をくくろう」ということだ。状況は刻々と変化するから、朝令暮改はOKだが、本質的な価値観でブレないこと。結果にコミットするだけでなく、価値観にコミットする。

何でも思い通りになればいいが、そうはいかないときもあるので、そのとき、いかに腹をくくれるか。コミットすることは、「潔さ」と言い換えてもいい。

いざとなったらいつでも会社を辞めてやるという覚悟さえあれば、実は、たいていのことは怖くない。たとえば、自分の思った通りの事業成果が出なかったからといって、別に命をとられるわけではないし、財産を失うわけでもない。なぜ達成できなかったか、その原因を調べる必要はあっても、それが自分にはどうしようもないことだったときは、潔く諦めることも必要だ。いつまでもくよくよ悔やんでみても、何も生まれない。できないことはできないと、いい意味で割り切って前に進むことが重要だ。

会社を辞めても食べていけるという安心感があるのとないのでは、腹のすわり方に大きな差が出る。

家計にも固定費と変動費があるとすると、毎月の固定費はできるだけ下げておきたい。固定費が低ければ、それだけいまの仕事を辞める心理的なハードルは低くなる。仮に一時的に収入が途絶えて、預貯金を切り崩す必要があったとしても、あと二、三年は大丈夫だと思える程度の金額なら、そこまで深刻にならずに済む。

ところが、重すぎる住宅ローンや子どもの教育資金など、毎月の固定費が高止まりした状態だと、いまの収入を失うわけにはいかないという強いプレッシャーがかかる。固定費を上げてしまうと、現状を維持するだけで大変なので、保身に走りやすくなる。いざというときに潔くなれないのだ。

「できないことはできないと、いい意味で割り切って前に進むことが重要だ。」

人間は弱い生き物だ。インセンティブに引っ張られて、間違った意思決定をしてしまう可能性はゼロではない。お金の面で会社に対する依存度が高すぎると、そうした誘惑を排除できなくなる恐れがあるので、気をつけたいものである。

ダークサイド・スキルは、退職後も有効

ハーバード大学が七十五年以上にわたって、ハーバード卒の男性二六八名と、ボストン育ちの一般男性四五六名の二つのグループの心と身体の健康状態を追跡調査した「成人発達研究」という有名な研究がある。

大成功してお金持ちになった人、有名になった人、失敗して貧しくなった人、途中で死んでしまった人、いろいろな人がいるが、「あなたにとって幸せとは何ですか?」という質問に対する答えで最も多いのは、「良好な人間関係」なのだ。いくら稼いだとか、会社を大きくしたとか、そういったことではなく、良好な人間関係を築けた人がいちばん幸せな人生を送ることができる。逆に、どれだけ社会的に成功しても、人間関係で失敗すると、幸せを実感することができないという。

会社を辞めた瞬間、誰からも相手にされず、一人ぼっちになってしまう人がいる。

六十五歳で引退して、そこから二十年以上寂しい余生を送ることになる人は、社名や肩書といったポジションパワーに頼ってそこまで生きてきてしまったのではないか。だから、社名や肩書がなくなったとたん、それまで自分を取り巻いていた人たちが離れていってしまう。自分が持ち上げられていたのは、しょせん、権力関係があったからにすぎない。

また、金儲けばかりに執着してきた人は、お金がなくなったとたんに、誰からも相手にされなくなる。金の切れ目が縁の切れ目で、お金でつながっていた人とのパイプが切断されると、まわりに信頼できる人はほとんど残っていない。金儲けのためなら、周囲の人間を切り捨てても気にしないような人間を、心から尊敬している人などいないのだ。

そうした人は、実は、ダークサイド・スキルを磨いてこなかったのではないかと私は思う。

肩書にものを言わせるのではなく、人間力で相手を動かすダークサイド・スキルは、相手との信頼関係なくして機能しない。といっても、ただの仲良しではなく、適度な緊張感を伴う人間関係だ。そうした関係を築くには、普段からの言動が問われるし、日常的なコミュニケーションを通じて、時間をかけて信頼を醸成していくしかな

「ダークサイド・スキルは、むしろ人間に対する深い理解がなければ、うまく使いこなすことはできない。」

いのである。

ダークサイドというと、人の裏をかく政治力のようなイメージを持つかもしれないが、合理と情理のどちらもわかって、相手により、状況により使い分けるダークサイド・スキルは、むしろ人間に対する深い理解がなければ、うまく使いこなすことはできない。そして、そうした深い理解が、相手との絆を強くするのだ。

家庭とプライベートを切り分ける

私は以前に「仕事と家庭とプライベートが忙しくて」と言ってはバカにされていた。「家庭とプライベートは一緒だろう」という突っ込みをよく受けたのだが、私の中ではこの二つは同じではなかったのだ。

リーダーになる人には、仕事とも家庭とも、友人関係とも切り離された一人きりの時間が必要だ。たった一人で自分と向き合い、自分を振り返るための時間が、自分を鍛え、強くする。

あのとき、なんでこうできなかったのか。もっとこうしておけばよかったのに。あの人との距離感がうまくない、ちょっと近づきすぎているかもしれない。いまの自分の状況を冷静に振り返り、次の行動につなげる。これまでの自分を振り返り、これから半年、一年、三年後の目標を立てる。目標に対する進捗をチェックして、状況に応じて軌道修正を加え続ける。そうしたことの繰り返しで、ブレない価値観を育て、自分らしさに磨きをかけていく。

プライベートといっても、趣味に興じるわけではなく、孤独を楽しむというか、自分を見つめ直す時間を確保することが決定的に重要なのである。これがないと、自分のPDCAを回すことができない。逆にいうと、どれだけ自分のPDCAを回すことができたかで、自分自身の成長が決まると言っても過言ではない。

孤独な時間を持て

平日は深夜まで残業して家には寝に帰るだけ、金曜の夜は大学時代の友達との飲み会で憂さ晴らし、休日は家族との時間で忙しいとなると、自分一人きりの時間など、どこにもない。だから、意識してそういう時間をつくる必要がある。

私自身は週に一回、二、三時間は確保している。たとえば、日曜日の朝に早起きして、近所のファミリーレストランに行く。モーニングを食べながら、あれこれと普段の行動を振り返り、思いついたことをノートに書き出したりして過ごす。ひとしきり作業を終えて帰宅しても、まだ朝の九時くらいだから、そこから一日家族と過ごすことができる。

そういう時間は意識してつくらないと、すぐに忘れてしまう。風呂に入ってリラックスしたときのほうがアイデアが浮かぶという人もいるかもしれないが、断片的に思い浮かべるだけでは身に付かない。やはり、きちんとノートに取るなりして、後から見返せるようにしておかないと、自分のＰＤＣＡを回すことはできない。

前に立てた目標（プラン）に対して、いまの実行（ドゥ）状況はどうなのかをチェックし、次のアクションにつなげる。何度もPDCAサイクルを回すことで、自分自身を鍛え、進化・深化させていくのである。

自分と向き合う孤独な時間がないと、流されっぱなしで軌道修正ができなくなる。それでは、ブレない自分を持つことはできないのだ。

最強のチームをつくろう

ここまで、「あなた自身」にフォーカスして話をしてきた。最後になるが、ここからはぜひ、リーダーとして自分にとって最強のチームをつくってほしい、ということを述べておきたい。最強のチームとは、メンバーがみな同じ夢を見て、同じ価値観のもと上司の判断を仰がなくとも、自然と同じ方向を向いた意思決定が行われているチームだ。

リーダーであるあなたは、ビジョンを作り、言行一致し、腹をくくる覚悟を持つ必要がある。その上で、メンバーに対して、「常に見てくれているという安心感」「絶対にぶれずに動揺しないどっしりとした安定感」「この人は絶対にチームを裏切らないという信頼感」を与え続けることが求められる。たとえ部下一人だけのチームでも構わない。小さなユニットであっても、こうしたリーダシップを発揮していれば、いずれやってくるであろう大きな組織を率いる段階になっても応用が利く。

7つのダークサイド・スキルを駆使して、ミドル・リーダーが会社のそこかしこで最強チームをつくることが、古くて大きな会社全体を強くするためのカギであり、だからこそ会社の未来はミドルリーダーであるあなたにかかっているのだ。

ダークサイド・スキル実践編

DARK
SIDE
SKILL

Part. III

ダークサイド・スキルが特に役立つのは「有事のとき」だ。
パート3では、実践編として
良品計画名誉顧問（当時）の松井忠三氏にお話をうかがった。
急速に悪化する社業に直面したとき、
リーダーとして何を実行してきたのか。
大胆な改革を推進した「ダークマスター」
松井氏の手腕をご紹介したい。

対談

IGPI

木村尚敬

良品計画

松井忠三氏

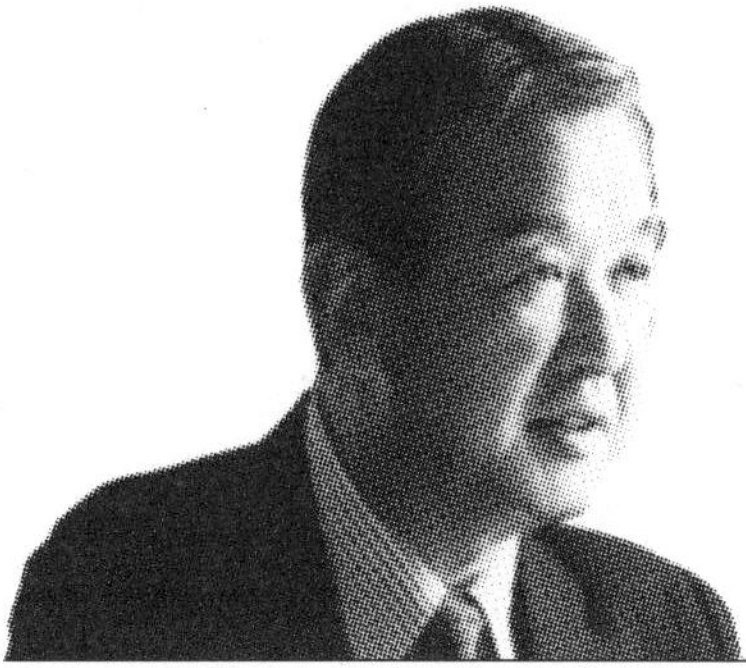

MATSUI Tadamitsu

1973年東京教育大学（現筑波大学）体育学部卒業後、西友ストアー（現西友）入社。
91年良品計画に出向、翌年入社。総務人事部長、無印良品事業部長を経て
2001年社長に就任。赤字状態の組織を風土から改革し業績のV字回復を遂げる。
08年会長、16年から17年名誉顧問

絶好調だった無印良品はなぜ苦境に陥ったのか

木村 松井さんが良品計画の社長に就任された二〇〇一年は、それまで好調だった無印良品の業績が急にガクンと落ち込んだ年でもあります。

松井 会社がおかしくなるのはほとんど内部要因です。九割以上が内部要因だと思っています。それまで十年間、売上も利益も毎年三割くらいずつ伸びていて、ひたすら右肩上がりに上がってきたので、みんな自信満々になってしまう。あたかも自分のやっていることがすべて当たって、間違いはなかったということになるわけです。このつが慢心やおごりになる。

で、どんなことが起きたかというと、左うちわで内向きの議論ばかりになってしまって、外なんか見向きもしなくなる。一方、外からはどんどん見学に来ます。業績のいい会社ですから、百円ショップや家具専門店が、ステーショナリーや化粧品、ベッドやソファーなど、無印の商品を買い集めて部屋に並べ、「これと同じものをもっと安くつくれ」と号令をかけたりするわけです。

絶好調だった当時の無印は上から目線の尊大な風土が蔓延していて、たとえばお取引先の社員の方が商談を終えて帰るときも、エレベーター前まで見送りに行くことさえしない。本人の実力ではなく、ただ、ブランドが強かったりコンセプトがよかったりしたから伸びてきたのに、ほうっておくと人間は偉そうに相手を見下してしまうんです。

木村 勘違いをしてしまうわけですね。

松井 苦労もなしに順調に育った人がちゃんとした経営者になれないのと同じで、十年も業績が伸び続けると、創業当時の苦しさを忘れてしまって、慢心やおごりが出てきてしまうんです。

それから、順調に業績が伸びて大きくなってくると、組織が硬直化してきます。いわゆる大企業病で、創業期の危機感やダイナミズムといったものがだんだん失われてくるんです。何が起きるかというと、たとえば取締役会に、棚卸とか出店とか、そういう決まり切った議題しか上がってこない。判断に迷うような案件が出てこなくなるんです。取締役会ですらそうですから、それ以外の組織はみんなダメということです。店に置いておけば売れる時代です。だから店長も「ところてん店長」と言って、五十人社員が入ると全員店長になれる。ただ年次が少し違うだけです。ところが、売上は自分がつくったとみんな思うわけです。

さらに、印鑑の数が増えます。新規出店の稟議が通るには、八つも九つも印鑑が押してある。そこで僕が、開発担当者と開発部門の役員、それに販売部門の役員の三つの印鑑があればいいことにしようと言うと、人事部門の役員は「出店計画がわからないと採用ができない」、経理は「店舗数が増えるなら、そこに店番も振らなきゃいけないし、レジも手配しなきゃいけない」、システム部長も「パソコンがこれだけ要る」と言って反対する。だから、全員分の印鑑が押してあったわけです。

木村　ハンコの話は、ダークサイド・スキルのその2「KYな奴を優先しろ」でも触れています。結局多くの人たちでリスクを共有化してオブラートに包んでいる感じですよね。

松井　ところが、当時の出店は失敗ばかりで、十店舗出したうちの八店舗は計画に届かない。出店のしかたが稚拙だからです。でも、責任を問われることは一切ない。

それがずっと続いていたわけです。

これはセゾングループ全体がそうでしたから、我々のところも同じような仕組みで動いていた。つまり、前例踏襲主義ですね。前年のスケジュールを見て、今年の計画を考える。たとえば人事部の新人研修でも、ちょっと油断していると、役員の名前が違うだけで、五年前と同じことしかやっていないとわかるわけです。そういうことが販売や商品開発で起きたら致命傷になります。でも、通常はそうなってしまうんです。

印鑑の多さは「赤信号みんなで渡れば怖くない」ということです。みんな押してあれば、会社が決めたということになる。誰も責任を追及されない。だから、印鑑の数を三つに絞って、出店してうまくいかなければ、開発担当者とその部門の役員が必ず責任をとることにしました。誰が発想してどう実行したかということを特定していかないと、事の本質には届かない。したがって、印鑑の数を減らす。

木村 非常に単純な話なのですが、施策と結果の因果関係を明確にする、さらにはそれらの責任主体を明確にしておくというのが、事業運営上はきわめて大事ですね。

松井　組織が非常に幼かったことも低迷の理由の一つです。衣料品、家庭用品、食品と三つある部門の中で、最初に悪くなっていったのは衣料品です。お客さんの声は、スーパーの西友がつくった衣料品と同じで格好よくない、ということです。つくったのは元西友の社員ですから、指摘の通りなんです。

で、衣料品が悪くなったときに、幼い組織は犯人捜しを始めます。衣料品が悪いのは衣料品の部長のせいだということで、衣料品の部長は三年間で五人替わりました。つまり、三年間、抜本的な手を打てなかったということです。人を替えれば何とかなる。これがいちばん幼い組織です。

衣料品の部長を替えても結果が出ないので、今度はマーチャンダイザーを替えなきゃダメだ、しかもどうも西友出身のマーチャンダイザーはダメだということになって、外から採用し始めます。ところが、この人たちが取引先にリベートを要求したりした。そういう我が社にはない文化が外から入ってきて、混乱しました。結局、この人さえ替えればいいというのは、きわめて短絡的な対策でしかないということです。

たとえば、僕が事業部長だったときに「この店の売上が悪いのはなぜなんだろう」と営業課長に聞くと、「あれは人災です。店長が悪い」と言うわけです。これには、僕もさすがに頭を抱えました。ユニクロさんやニトリさんと真っ向から戦おうというときに、勝負が店長の力量だけで決まるというのが人災の考え方です。そんなことはあり得ない。二、三％は店長の力量かもしれないけど、物をつくる力、販売する力、企業文化、実行力、そうしたすべてを結集した総力戦の勝敗が、たった一人の店長で決まるはずがないんです。

木村　組織で戦えということですね。

松井　無印良品というのは、一九八〇年に時代を先取りしたブランドとして誕生します。セゾングループの堤清二さんと、田中一光さん、小池一子さんといった日本を代表するクリエーターが集まって立ち上げた。そのコンセプトの斬新さというか、本質性ゆえに無印良品は十年間成長を続けます。ところが、慢心やおごり、前例踏襲、人を替えることしかできない幼い組織でずっと来てしまったために、お客さんの一歩前、半歩前を行く商品が出せなくなってくる。先取りではなく、後追いになってしまうわけです。ただ、アイテムは増える。無印は２ＤＫや３ＤＫの住宅の中にあるものは全部つくるというコンセプトで始まっているから、家電をやったり、スーツを始めたり、ランジェリーに行ったりして、領域は広がるんです。でも、すべて後追いになってしまって、これが致命傷になっていく。

急激な拡大政策が裏目に出る

松井 さらに戦略の間違いが起きます。急激な拡大政策に出たわけです。実は、経営でいちばん難しいのは攻めのときです。

二〇〇〇年に店の面積が四〇％増えました。普通は四、五％です。ユニクロさんもニトリさんもしまむらさんも我々も、新店の割合ははかったように四、五％です。これを巡航速度という。ところが、その十倍も出店する。それまでは五百坪だったのに、千坪の大型店をつくる。千坪で年間二十億円売ろうという計画をつくるわけです。ところが、商品力が落ちている。出店のしかたもかなり脆弱でしたから、二十億円売るつもりが、十億円くらいしか売れない。千坪のお店は、駅前の丸井さんが移転増床していく過程で、物件が空いてきた。千坪使えるブランドはほとんどないから、格好のブランドということで無印に話が回ってくるわけです。だけど、十億円しか売れないと、大赤字です。

もう一つの間違いは、極端なフランチャイジー冷遇策を取ったことです。商品開発というのは販売力がバックにないと絵に描いた餅なんです。販売なくしてビジネスなし。だから、拠点を増やす、店を大きくする。お金がない会社でしたから、フランチャイジーを多くするということでビジネスの骨格をつくってきたわけです。

ところが、フランチャイジーは、ある局面まで行くと、言うことを聞いてくれなくなる。たとえば、季節の処分品みたいなものは利益が出ないから一切仕入れない。すると、SPA（製造小売）は生命線の在庫管理を直営店だけでやらなければいけないことになる。それは苦しいから、フランチャイジーの出店をグッと減らして、直営店主体、大型店主体に切り替える。フランチャイジーの近くにも出店していくから、そうなると死活問題です。同じブランドで客の奪い合いが起きる。僕が社長になったときは、まさに不協和音の嵐でした。

これには背景があって、当時はセゾングループが解体の危機に陥っていた。最後の原資はファミリーマートの株と良品計画の株です。ファミリーマートは伊藤忠が買って事なきを得た。我々の株は一般の投資家に売っていくわけです。したがって、高株価政策をとらざるを得ない。だから、見かけ上、大量出店を続ける。収益性を高めるために、不良在庫も処理せずに利益に上げていく。こいつがもう覆い隠せなくなる。そして、いよいよ減益になっていくのが二〇〇〇年です。

これが内部要因です。企業がおかしくなっていくのは、まず内部が腐っていくというのが最大のポイントです。いままでは出店による販売増で商品開発を引っ張ってきたけど、千坪というところで限界を迎える。そのときに新しい商品開発のしかたに移れない。それは移すだけの力もないし、発想もなかったということです。

印鑑の多さは他責合戦の成れの果て

木村 この本が主に対象としているのは、いわゆる古くて大きな会社で、大企業病にかかっている会社です。それがいちばん顕著に現れるのは、社員の時間の使い方で、内部政治というか、中に対して時間を使う割合がどんどん増えてしまうということがありますね。

松井 その通りです。それがまさに慢心とおごりで、内部で左うちわで議論が始まると、外を見に行かない。外に目を向けなくなった企業がまずダメですね。

木村 その結果、何が起こるかというと、業績が悪くなったときに部門間闘争が勃発して、自部門ではなく他の部門の責任だ、悪いのは誰々だといった他責合戦が始まってしまう。

松井 おっしゃる通りで、責任の押し付け合いの結果が、先ほどあげた印鑑の数になります。西友時代、僕は人事にいました。人事の育成計画をつくるときは、やれ常務だ、専務だと、管掌する役員全員に事前に説明にいくわけです。取締役会は形式的に議論するだけで、その場で決まるわけではありませんでした。

良品計画でも、最初は必ず事前に説明に来る。そうすると、社内の力関係の中で仕事が決まってしまう。だから、事前の根回しを全部禁止して、会議の場に堂々と出してこいということにしました。説明に来ると、会議に出てくるときは、根回しが全部済んでいるから、事務局は安心して聞いていられるんです。ところが、根回しなしで出てくると、どこから反対の声が起きるかわからない。案件が通らないリスクがある。現実に通らなかったケースもある。保身ということを考えると、自動的に根回しをするようになる。いちばん根回しをするのは官庁と自治体ですね。その次には金融機関とか歴史のある企業です。

木村 そうなると、失敗を恐れて誰もリスクをとれなくなる。特に部長、課長がリスクをオブラートに包んで誰の責任だかわからないようにしておくことの弊害が出てきます。

松井 サラリーマンですから、やっぱり上から怒られるのは嫌なんです。出世にも響くでしょう。そうすると、みんな上を見て仕事をするようになる。だから、僕の二冊目の本『無印良品の、人の育て方』（角川書店、二〇一四年）には「〝いいサラリーマン〟は、会社を滅ぼす」というサブタイトルがついている。そうやって根回ししながら上を見て動き回る人が出世する会社だった。上手に根回しする人と、上手に提案書を書く人が出世するという文化でした。そういう政治力学を変えていかないと、会社として健全な会社には絶対になりません。

木村 私は逆に「下に時間を使え」と言っているんです。上の顔色をうかがうのではなく、ちゃんと下に時間を使えと。

先に行動を変えないと意識は変わらない

松井 僕は西友時代に教育の責任者をやっていて、創立二十周年とか創立二十五周年にアクション二十とかアクション二十五ということをやりました。GMSという業態が破綻していることは誰しもわかっているわけですから、立て直しをはかったわけです。立て直しというと、まず意識改革をしなきゃとみんな考えます。意識改革は人事の仕事だというわけで、僕のところに回ってきたんです。

当時、部長以上が三〇〇人いたので、その人たちを対象に、アメリカで開発された「センシティビティトレーニング」というきわめてハードな意識改革研修をやりました。ところが、この研修で意識が変わることはありませんでした。意識というのは、根強く残っている会社の価値観ですから、これを変えるにはエネルギーが要る。結論からいうと、意識は行動を変えないと変わりません。意識を変えてから行動が変わるのではなく、行動を変えることで意識を変えるのです。この順番は逆ではいけない。

行動は日々の政策で変えていくしかない。日々の政策で変えていって、ようやくこれに納得してくると意識が変わってくる。したがって、意識改革運動は最初には絶対できない。当時の西友の間違いは、意識改革運動を最初に持ってきたことでした。僕は先兵で頼まれてやりましたから、ダメだということがよくわかるんです。

ＧＭＳが不振になったのは、セントラルオペレーションとか、大量仕入れ大量販売、ワンストップショッピング、セルフ販売といった、ＧＭＳを成立させていたビジネスモデルが崩れていたからです。ここに手を打たずに苦境を抜け出せる方法があるわけがない。ところが、ビジネスモデルを直すという行動に実は誰も着手しなかった。だから、立ち直ることもなかったんです。

木村　もう一つ、私は個人のインセンティブがどこにあるかというのもポイントだと思っています。先ほど出世競争というお話がありましたけれども、多くのサラリーマンの動機付けは、やはり一つでも上に行きたいということにあるのでは？

松井　そうそう。生活を良くしたい。

木村　ところが、松井さんをはじめ、いわゆるサラリーマン社長なのにもかかわらず変革を成し遂げた方というのは真逆で、出世欲みたいなものはあまり持っていなかったのではないかと思うんです。

いちばん使いにくい奴がいざというとき役に立つ

松井 そうですね。出世したいと思うと、どこかで自分の生き方を曲げないと上がれないんです。つまり、あちこち根回ししながら動いて出世すると、たとえば商品部の専務に呼ばれたときに、専務のところにいちばん良い人材を優先的に回すとか、そういうしがらみができてしまう。全社の資源を公平に配分するということができなくなって、どうしても部分最適に行動してしまう。そうしないと自分が生きていけないからですね。

出世して、給料が上がって、いい生活をしたいというのは多数派です。多数派にいたほうが安心できるので、あちこち根回しして、上の覚えをめでたくするという行動に出る人がすごく多い。多数派ですから、徒党を組んでいくわけです。徒党を組むというのは、会議もそうですけど、飲みに行くときも全部一緒です。そして、営々と部長の言うことを聞いている。僕はそういう価値観はゼロなんです。とても嫌。だから、誘われても一切飲みに行かない。当然、使いにくい奴だなと思われます。

僕がいつも人事部で、主流派にいたことがないのは、そういう理由です。でも、あちこちに顔を出してご機嫌伺いをする廊下鳶《ろうかとんび》をやっている人ばかりが出世する会社は、やっぱりどこかおかしいわけです。西郷隆盛が言うように、金も名誉も、そして地位も要らない、こういう奴がいちばん使いにくい。でも、それはその人がそれなりの生き方を持っているからで、それが何より大事なんですね。

木村　ダークサイド・スキルのその5で「煩悩に溺れず、欲に溺れろ」といったのは、まさにそのことです。自分が何をなし得たいのかという価値観が、本当の欲だと私は思っています。

松井　だから、最後は生きざまの問題になるんです。やっぱり損得なしで、上に媚びたりするのとは無縁に生きる人じゃないと、本当にしっかり一本道を歩むということはできないんですね。僕は教師になるつもりで大学に入った。ところが、大学の全学連運動でデモに出て逮捕され、留置所に三週間入って、二十歳の誕生日もそこで迎えた。昔から権威に唯々諾々と従うのがとても嫌で、それで親不孝もしたわけですが、結局、教師の道も諦めざるを得なくなる。けっこう致命的な失敗をするわけですね。

しかたがないので民間企業に入ったんですけど、そこでも、誰かに言われたからやるのではなくて、これはやらなきゃいけないということはやらないと気が済まない。上から見たら使いにくいし、どうにも邪魔だからということで、良品計画に出向させられます。一部上場企業の課長が良品計画という子会社に行くのに、同じ課長だった。普通は最低でも部長です。明らかに左遷でしたが、それはそれでしょうがない。だけど、それで腐っていく人というのをさんざん見てきました。

先ほど他責という言葉がありましたけど、自分の異動は自分では決められない。でも、だからといって、会社が自分を正しく評価してくれなかったから、自分は左遷させられたんだと不満を持つ人は、その後一度も浮上することはなかった。したがって、誰かのせいにしているだけではダメだというのは、理屈上わかる。それともう一つは、心情的に、与えられた仕事の中でベストを尽くさないというのは、僕自身がとても嫌。だから、どんなに待遇が悪くても、転籍業務という良品計画での自分の仕事をかなりリスクをとってやっていました。

良品計画は創業してすぐの会社で、実質的に赤字でスタートしているわけですから、現実問題として、役に立たないと具合が悪い。働いて実績を残す人間以外を雇っておく余裕がないわけです。だから、僕は転籍という業務を五十万円の移行原資でやっていくんですけど、翌年には部長にしてくれて、その翌年には役員にしてくれた。

木村　わずか三年で、課長、部長、役員と駆け上がったわけですね。

松井　違うタイプももちろんいます。たとえば、総務担当で来てもらった人がいて、「お店にたくさんネズミが出るから、ネズミを退治してくれ」と言うと、「いや、申し訳ない。これをやるには保全と管財と総務がみんな要る」と言うんです。総務は駆除業者を手配しなければいけないし、オーナーと交渉もしなければいけない。施設に穴が空いたりすれば、保全がそれを塞がなければいけない。施設の維持管理が業務の管財も必要だと。西友の総務は六部署くらいありましたから、そのうちの半分は要ると言うんですけど、分社して間もない良品計画にはそんな人手はないわけです。

宣伝担当の人もそうでした。JRの原宿駅の線路側に宣伝ボードが立っていて、これがものすごく目立つ。年間契約で借りて、そこに月替わりで広告を出していく。担当者に「看板はいつできるんだ」と聞くと、「来週できます」と言うんですが、一週間たっても二週間たっても、いっこうに掲示されない。本人は「間に入っている広告会社に指示を出した」と言うのだが、宣伝ボードは空のまま。これでは仕事をしたことになりません。

出身母体はセゾンですから、当然大きな広告代理店を使います。したがって、こんな仕事はみんな下請けに流れるわけです。担当者が下請けにちゃんと流していればそれでいい。でも、流していないから、看板はいつまでたっても掲示されない。でも、担当者は「私はちゃんと自分の仕事をしました」と言うわけです。西友だったら成立するかもしれない。でも、金のない中で宣伝費を出している良品計画のような会社にとっては、来週出るということなら、来週出ることがマストなわけです。その間に業者が何社はさまっていようとも、確実に一週間後に掲示するのが仕事です。

木村 小さな会社の仕事のしかたは、一部上場企業とは違うと。

松井 でも、そういう人たちが最初に出向・転籍してくるわけです。そうすると、経営者から見たら、総務担当も宣伝担当も基本的に役に立たない。僕はそんなことはしない。西友時代は言うことを聞かない奴だと思われていたけど、良品計画に来たら、松井がやると言ったらちゃんとやる。目に見える結果が出る。そういう評価になって、結果的にスピード出世することになりました。成熟した企業と、これから伸ばしていかなければいけない企業には、やっぱりそれぞれ違いがある。

木村 何かをやろうとしたときに、部門間の相互不可侵条約みたいなのが働いて、自分の守備範囲ではないことには口出ししないというのが、大企業ではよくあるケースです。しかし、そこをリスクをとって行けるかどうか。

つまるところ大事なのは結果を残す人間

松井 会社にとっていちばん大事なのは結果を残してくれる人間です。じゃないと、経営が成り立ちません。結果を残すためには、最後のところまで責任をもって見ること。それができない限り、結果はついてきません。ところが、いま申し上げたような大企業の体質の中にいると、「自分の仕事はここまでです」という仕事のしかたが普通になる。それでも結果を出した人間が上に行けるような体制になっていればいいけど、そうではなくなってしまうと、もう本当に立て直しができなくなってしまう。

木村 松井さんが社長になる前に見えていた会社の風景と、社長になった後に見えた会社の風景はやっぱり違いますか。

松井 うん。それはポストによって。良品計画に入った僕の最初のミッションは、人事制度をつくって、自前の社員を採用して、給与を計算して、労働組合をつくること。結果的に転籍という業務をやらなきゃいけない。それはちゃんとやりきる。そのうえで、今度は営業本部長という仕事に就きます。商品部も販売部も全部あって、社員の八割がいるセクションの事業部長にはじめて就くわけです。

実は、販売は西友時代に三年ほどお店の経験をしたことがあります。だから、ある程度わかる。でも、商品部や品質管理みたいなところはまったくわかりません。わからないからといって、そのままにしておくわけにはいかない。そこで、東西に二人いた販売部長と、商品部長、それから全体を束ねる事業部の課長、いわゆるキーマンがいたので、まずその四人をコントロールしました。そこから先は、部長が部下の課長をコントロール、その課長が店長をコントロールするようにします。一人で全部見るのは無理だからです。

木村 本書でも、その3の「『使える奴』を手なずけろ」のところで、借り物競走の話をしています。松井さんが営業本部長になったときに、商品部や品質管理のことを一から勉強したのでは間に合わない。だから、できる人を集めてチームアップする。使えるものはなんでも使って結果を出そうということです。松井さんは、その四人をどうやって手なずけたというか、うまく動いてくれるようにしたのですか。

トップが現場の声を集めるときの副作用

松井 自分が見られる範囲は七人とか十人と決まっているわけです。十人見られるなら、この十人を直接見ていけばいい。そして、その十人の下にまた十人の組織がつくと、全部で百人の組織になる。さらにまた十人の組織が下につくと、全部で千人の組織になる。そうやって束ねていくんです。中国の騎馬隊はだいたいそういう組織で束ねています。そうじゃないと、うまくいかない。

僕も無印良品の事業部長になった途端に、全部は見られないということに気づきました。東西に販売部長がいるなら、それぞれの販売部長と飲んだりして、直接コミュニケーションしていくわけです。今度はその販売部長が課長とコミュニケーションしていく。そうやって、部長を二人押さえると、販売部門はほぼ押さえられる。もちろん、課長と直接話してもかまいません。でも、店長までとなると、なかなか一人では押さえきれない。しかも、この指揮命令系統を逸脱していくと、なかなかうまくいかない。

いちばんダメなのは、社長が直接お店に行って、そこでちょっと話を聞くと、現場のナマの声が出てくる。それを本社に持ち帰って、今度は役員や部長に指示を出す。ところが、役員や部長は誰がチクったんだと探し出して、いじめに入る。そういう副作用が結構出ます。

木村　自分たちを通り越して社長にチクった人間が許せないわけですね。

松井　セゾングループの堤清二さんも同じことをやっていたんです。取締役会で各取締役がいろいろ報告をしてくる。うそを言っているわけではない。でも、やっぱり実感と違うわけですね。みんな自分の身を守るように言うから、これはしようがない。堤さんは用心深いから、各店で若手の係長、生きのいい優秀な係長を見つけ出して、折に触れてそこの係長から直接聞くわけです。そうすると、取締役会の役員が言っていることと違う現象が出てくる。そうなると、堤さんはオーナーだし、あの気性だから、取締役会でみんなをビシビシ叱るわけです。叱られた人たちは、堤さんの歩いた跡をたどって、堤さんに情報を入れた係長を見つけ出して、ひたすらいじめる。良品計画で僕が店長から直接聞いた話をしたときも、同じことが起きました。

だから、僕は現場の知恵を集めるときに、特定の個人から集めるやり方はダメだと気づいた。特に営業部門に出した指示に対する答えがストレートに上がってくることはほぼない。上がってきたときは丸く報告されるので、あたかも指示通りにやったように聞こえる。したがって、現場は正しく見られないということになるんですね。

しようがないんで、毎日店に行っている監査室という組織を使うことにしました。この連中に、本来の監査業務のほかに、たとえば営業で三つ指示を出したとしたら、その指示に対して現場がどう着手したかを写真に撮ってきて報告してもらう。その時々のテーマで、たとえば賞味期限をチェックするというときも、ライン経由で報告されると実態がよくわからないので、監査室の人たちに報告してもらう。毎週月曜日の十二時半は、監査室に見てきた結果を報告してもらうという仕組みに変えた。そうすると、個人ではなく組織で動いているので、販売部もいじめようがなくなるわけです。

木村　なるほど。ある会社の部長さんは「スパイ」という言い方をしていますが、会社の中に、オフィシャルな組織とは別に自分なりの神経回路をつくっておく。毎日現場に行けるわけではないから、現場で何が起こっているかが把握できる情報網をもっておくことが重要だとおっしゃっていました。

松井　独自のルートをつくり上げるとすると、必ずどこかで発見される。上になればなるほど、下の人間が発見するんです。すると、堤さんや僕の初期のときのように、いじめられる人間が出てくる。

木村　そのルートが見つかっちゃうということですね。

松井　必ず見つかる。だから、そういう独自ルートではなくて、オフィシャルな組織にしたんです。監査室という組織に行かせる。監査室も「ご用だ」と粗探しにいくのではなく、店長の相談役として行かせるようにした。そうすると、嫌われ者の監査室がわりと頼りになる組織とみなされるようになる。さらに報告のときに販売部長たちも同席させる。つまり、利害が反対の人たちが同席することによって、言った先を追及するような行為も同時になくなる。会社のいちばんの目的は現場が良くなるということですから、利害が反する人たちも同時にいることにしてあげれば、表面的には対立しても、最終的な利害は一本になる。一本になるというところまで企業力を上げれば、今度、反目はなくなるわけです。

木村 さらっとおっしゃいましたけど、すごいですね。したたかでダークなやり方です。

勘と経験を排除する「MUJIGRAM」

松井 現場の姿が正しく見えない限り、経営は間違えます。だから、過去の失敗を糧にして、現場で起こっていることを、本社にいながら把握できるような仕組みをつくったわけです。

マニュアルが必要だと思ったのは、現場に勘と経験に頼った文化が蔓延《まんえん》していたからです。新しいお店が明日朝十時に開店するから、その前日の夜六時に売り場を確認しに行くと、できている。ところが、応援に来たベテラン店長が自分のやり方で売り場を直す。来る人来る人、みんな自分なりに手をいれるので、売り場が永遠にできない。それは経験主義だからしようがないと気づくわけです。店長が一〇〇人いると一〇〇通りの売り場のつくり方があるというのは具合が悪いので、誰がやっても同じにできるように「MUJIGRAM」というマニュアルができたのです。

ところが、一回マニュアルをつくると硬直的になってしまって、言われたことしかこなさない無味乾燥なロボットをつくるみたいなことになる。仕事の内容はどんどん変わっていくのに、マニュアルは変わらないという問題に直面します。そこで、しまむらの藤原秀次郎さんのところに勉強に行くと、マニュアルがどんどん変わっていくようになっている。マニュアルというのはつくっておしまいではなく、変えていけばいいんだということがわかって、現場の知恵やお客さんの意見も入れて、常にマニュアルを更新していく仕組みをつくりました。

木村 マニュアルをつくったところから仕事がスタートする、と松井さんのご著書(『無印良品は、仕組みが9割』角川書店、二〇一三年)にもありますね。

松井 すると今度は、MUJIGRAMを更新した内容が一〇〇%お店で実行されないと意味がない。普通の組織では、指示を出すと、七割から八割の店長がやってくれます。残りの二、三割はやらないんですね。この二、三割をやり切るようにしない限り、経営の力は上がっていかないわけです。

では、どうするかというと、MUJIGRAMというマニュアルを教え込むのではなく、あたかも空気のような存在にすればいい。たとえば、全社員が挨拶をする、ということをひたすらやり続けるんです。五年、十年とやっていると、挨拶するのが当たり前になる。社風になるわけです。そういう社風ができてくると、一回指示すれば、お店が一〇〇%やってくれるようになる。二、三割の例外的にやらない店長たちがいなくなるわけです。

現場を変えるヒントは他社にある

松井 現場を変えるヒントは自社にはない。だいたい他社にある。したがって、他社にあったことを自分のところに持ち込んで、自社の仕組みにしていく。パクるというのは、企業にものすごい創造性と足腰の強さがないとできない行為なんですね。昔の松下（現パナソニック）はそれができた。そのかわり、「マネした産業」とバカにされるわけです。マネをすることの創造性と実行力の強さがわからない人はそういうことを言うんですけど、松下さんなんか当然わかっていますから、マネしてパクってきて、そのマネをしたところより上に行く。これは傑出した企業じゃないとできない行為なんですね。

木村　使えるものは他社でもなんでも利用する。

松井　他社に学ぶというのはけっこうむずかしくて、たとえば僕らはしまむらという会社から、マニュアルが変わるという知恵を手に入れてくる。でも、同じようにしまむらに勉強に行って物にした会社は無印とイトーヨーカ堂しかないんです。つまり、変わるマニュアルをつくり上げられた企業はこの二つしかない。西友もしまむらはすごいと思って、観光バスを五台連ねて全店長を連れて見学に行っています。物流センターを見て、本社で説明を聞いて、店を少し見て回る。僕も教育担当だから、ついていったことがありますが、「どうでした？」と聞くと、「勉強になった、すごいよ」と言うだけでジ・エンドです。実際の行動は変わらない。これが現実でした。

我々もしまむらを見に行って、すごいと思うわけですね。なんとしても、これを自分たちの仕組みに取り入れなければいけない。そこで藤原さんに社外取締役で来てもらった。トップが来るわけですから、役員同士の交流が比較的和やかに始まるわけです。物流なら物流で、役員や部長、課長クラスの飲み会があり、そこに接点ができる。

そうすると、物流の課長がしまむらのお店の在庫がどうなっているかと疑問に思ったら、電話で聞ける。場合によってはすぐ見せてもらえる。それで、しまむらのバックヤードに行くと、我々の倉庫とは全然違うわけです。バックヤードにあるのは本当にわずかな量で、そのかわり売り場に目いっぱい出している。そうすると、なぜこれだけのバックヤードの面積と量で回せるのかということに思いを馳せることになります。

一方、売り場に出している仕組みも頭に入ってくるから、しまむらの物流全体の仕組みが見えてくる。それを全部頭の中に入れた上で、良品計画の物流の仕組みを見直せば、どこをどう変えればいいかということがわかってきます。つまり、実務担当が電話で相互に連絡できるレベルまでもっていかなければ、他社に学ぶことはできないということです。

五合目社員と粘土層が情報の行き来を遮断する

木村 話を少し戻しますが、ダークサイド・スキルのその1「思うように上司を操れ」では、トップからすると現場の情報が上がってこない。だから、ミドルが全体最適の目線をもって上にパスを出せ、そのパスの出し方によって上司をうまく利用しろ、という話をしています。松井さんは、監査室から上げる仕組みをつくって対応した。

松井 現場で起こっていることを営業から上げるとダメだから、監査室から上げる。では、現場のパートさん、アルバイトさんの声はどうやって上げるか。それがMUJIGRAMです。現場の知恵を入れて、変え続ける。十七万件にもなるお客さんの声も、お店で全部入力して、社員にメールで届くようになっています。月曜日になるとお客様室が全部受けて、急ぎの案件は火曜日の朝、全役員のミーティングに出てきます。その商品をやめるかやめないか、届けるか届けないか、そういう緊急の判断は火曜日の朝の役員会で全部片付ける。午後になると、お客様の要望に対して会社としてどうするかを社内で共有して、二十四時間以内に返事が届くような仕組みになっています。

木村　つまり、ミドルからはバイアスのかかった情報しか上がってこないから、現場の生の情報が正しくトップの耳に入ってくるように仕組みをつくった。

松井　野中郁次郎さんは「ミドルアップダウン・マネジメント」をずっと提唱されています。たとえば、日産のカルロス・ゴーンさんの改革も、ミドルの人たちが中心となったクロスファンクショナルチーム（CFT）が重要な役割を果たしています。

ところが、五合目社員という言葉もあって、富士山の五合目に行くと上と下に雲がある。雲の下の人たちは、カエルが鳴き出せば、そろそろ雨が降るなとわかる。上にいる人は、向こうに雲が出てきますから、そろそろ雨になるとわかる。つまり、現場にいる人とトップは見えやすいんですが、雲の中にいる中間層にはわからない。このわからない人たちが指示をするわけです。ここで状況の差が生まれます。

ＪＲには粘土層という言葉があって、中間管理職の課長、係長の層を指します。指示は上から降りてきますから、雨のように浸透してくる。ところが、間に粘土層があって、ここから下には雨が浸透していかない。つまり、この中間層が情報を下に流さない。組織的にいうと、必ずそういう現象が起こります。したがって、そこを変えてあげないといけないわけですね。

たとえば、月曜日の午前中に営業会議が行われる。いちばん大事な会議です。ここで決まったことを、午後から部会で、部長が部員にかみ砕いて説明し、さらに自分の方針を加えて今週の作戦を考える。ところが、営業会議で決まった内容を部会で伝える段階で、伝わる内容が半分以下になってしまう。部長が自分の興味あることしか伝えないからです。

部会で部長がそんなことをやってもらっても困る。だから、営業会議が終わると、本社の全社員のパソコンに情報が流れる仕組みになっています。四つの頭文字をとって「DINA」と呼んでいますが、この画面を見れば、「締め切り（Dead line）」と「指示（Instruction）」と「連絡（Notice）」と「議事録（Agenda）」が全部見られるようになっているわけです。これを閲覧した人のところには○がつくようになってい て、部員全員が見たら、部のところに○がつく。×がついているということは、まだ見ていない人がいるということなので、部門長は誰が見ていないかをチェックして、その人に見るように指示を出す。こうしておくと、営業会議で決まった内容を部長がわざわざ伝える必要はなくなります。会議終了後、三十分ぐらいすると見られるようになっているので、上から下まで直接コミュニケーションする形に近づいて、五合目社員や粘土層の問題は発生しなくなるわけです。

デッドラインだけ決めて、やり方はすべてまかせる

松井 いつまでにやるかがいちばん大事なので、デッドラインが設定された案件は、締め切り厳守です。五五〇人の本社の全社員が注視する中でデッドラインが切られるので、締め切りが守られないということはありません。完了したら「済」が表示されます。結局、社員はリスクをとって自分の責任で仕事を完了させるということがいちばん育つんです。

僕は「報・連・相」はダメだと思っていて、手とり足とり進捗を見ながら指示を出しても部下は育たないし、そもそもそんなに細かく指示が出せるマネジャーはほとんど存在しない。だから、デッドラインで切るようにしています。やり方は自由にやってよし。そのかわり、いつまでにやるかということだけを決めて、ちゃんとやり切るということです。

そうやって仕組み化しておかないと、コミュニケーションは途中で止まる。上の指示は下まで届かず、下の声は上まで届かない。ミドルの人たちには、部門間の壁を突き破っていく役割が期待される反面、いま言ったようなマイナス面もたくさんある。そのマイナス面を削って外しておかないと、末端のパートさんやアルバイトさんまでコミュニケーションが落ちない。たとえば、ステーショナリーを担当する人がいて、不良品が出たから回収しろという指示が出たら、店長がいなくてもアルバイトの子がちゃんとやってくれる。仕組みができていれば、それが当たり前になる。パートさんやアルバイトさんまで指示が徹底するのを、個々のマネジャーの能力に依拠している組織は生き残れません。

木村 仕組み化することで、粘土層の人たちも活性化していくわけですね。一方で、時間が経つと組織はどうしても同質化する。同質化する組織をどうやって打ち壊していくかということで、私は「KYな奴を優先しろ」と言っていますが、松井さんは他社からの学びを取り入れ、仕組み化することで対応したわけですか。

松井 当初は組織を変えようと思ってつくった仕組みも、最後は守りに入って、組織が回るように変化してしまう。これが大企業病という現象です。ほうっておくと必ずそうなる。その都度、個人が頑張って見直すといっても限界があるので、最初からそうならないような仕組みにすることです。MUJIGRAMをなぜつくったかというと、現場の社員の知恵と工夫で変わり続ける。一冊できあがったマニュアルは、できあがった時点から滅んでいきますから、それに生命を吹き込むには、変わり続けることが重要です。そういう仕組みにしておかないと、必ず組織というのは同質化して、衰退していく道を歩むんですね。そうならないように仕組みをつくる。

仕組みがないときはトップが旗を振るしかない。トップが旗を振るといっても限界があります。そもそも、組織を根本から変えられるリーダーというのはめったに出ないんです。三人に一人出れば御の字です。三人に二人は改善型でもいい。でも、三人に一人は改革型のトップが出てこないと、キツくなる。一人が六年やったとすると、三人で合計十八年。それだけあれば時代環境が変わるので、自分たちのビジネスモデルを壊さないといけない時期が来ます。そのビジネスモデルを壊す役割を果たすのが改革型のトップですから、そういう人が生まれてこない組織は滅ぶしかない。間違いなくそうなります。

もう一つは、トヨタにあるような社風です。トヨタの工場ではアンドンで異常を周囲に知らせ、生産ラインを止めて、その場で前工程、後工程を議論しましたが、いまはここで「それは全体最適になっているか」と言うそうです。現場レベルで全体最適になっているかどうかを議論する会社というのは、すごいです。これを社風というんです。

ほうっておくと同質化して、大企業病に陥ってしまう組織を変え続けるには、いま言った、仕組み化と社風、あとはすぐれた改革型のトップが出てくる。この三つぐらいの保険を張っておけば、たいていの企業は生き残れるはずです。

自分と同じタイプを後継者に選ぶな

木村　改革型のトップが出てくるかどうかは、わりと偶然に頼るような感じですか。三人に一人、すぐれたリーダーが生まれるために必要なのは？

松井　いろいろあるんですけど、僕は同じタイプを後継者に選ばないというのがいちばん大事だと思っています。同じタイプを選ぶと、言うことを聞いてくれるし、寝首をかかれることもないし、安心して部下に譲れるんですけど、自分の能力の七掛けのトップを選ぶ可能性が非常に大きい。

この七掛けトップがまた同じように七掛けのトップを選ぶ。七割のさらに七割で四九%ということになると、二代前の半分以下のトップになって、さすがに業績はガタガタになります。まったく違うタイプを選ぶと、将来自分が追い落とされるかもしれない。でも、そっちのリスクをとったほうが組織は健全に動いていきますね。

トップの座をバトンタッチで受け渡したときに、社長に権力の九割を集中して組織が動かないとうまくいかない。ただ、この九割を任せた人間が時々間違う。そのときは首にできるような仕組みをもっておかないといけない。だから、相矛盾することを同時にできないと難しいんですね。

木村 ガバナンスの問題ですね。同じタイプを選ばないという意味でいうと、金太郎飴みたいに同じような人間ばかり集めて、イエスマンでまわりを固めるというのはよくないですよね。自分にとって居心地がよくなくても、KYな奴ほど優先しろと。

松井 そういう人のほうがいいと思いますね。組織というのは必ず同質化してしまうので、どこかでこれを打ち破る人が出てこないと具合が悪いんです。

木村　松井さんが社長になられたときに、経営チームをつくるとか、そういうことを意識されたことはありましたか。

松井　やりましたよ。いままでのやり方を抜本的に変えるためには、従来の価値観にどっぷり浸かった主流派の人たちには一定程度引いてもらわなければいけない。だから、生活雑貨担当、管理担当、西友の子会社の社長をしていた人、三菱商事の繊維部長だった人、そういう人たちを集めて経営改革チームをつくり、乗り出していきます。従来の経営の延長線上では改革にならないから、組織の価値観と行動を変えるためには、チームを刷新せざるを得ないんです。これは絶対条件です。

木村　日立の川村隆さんがＣＥＯになられたときも、そういう観点でチームをつくられましたよね。

松井　川村さんは子会社の日立マクセルから戻って日立を立て直した。戻した人も大したもんだと思うけど、川村さんが戻ってきて、副社長は子会社の人たちを集めて経営チームをつくった。二十三人いた専務と常務は意思決定の場から外し、副社長五人と川村さんの六人の少数精鋭チームで経営判断した。そうしないと、みんな事業部から上がってくるから、事業部の利益代表になってしまう。事業部の利益代表がそのまま議論しても改革はできないんです。

副社長も元をたどれば事業部から上がってきているんだけど、主流ではなく、傍流にいた人たちだから、けっこう不遇な経験をしてきている。この不遇な経験が人を育てるんです。だから、そのときの日立に必要なことが、この六人にはわかっている。部分最適を超えた、全体最適な経営チームで改革を断行したわけです。

非主流派が活躍する時代

木村 先ほど生きざまという話もありましたけど、結局、何をやりたいのかという価値観がまずあれば、いわゆる昔のエリートコース、主流から外れたからといって、クヨクヨすることもなくなります。

松井 傍流に行って腐らなかった人というのは、自分の生き方を持っている人なんです。普通は主流を外れると、サラリーマン人生はここでおしまいだと思うわけです。そうすると、どうしても腐ってしまう。でも、腐らずにやっていける人は、一歩離れることによって、人間模様がよく見えるようになる。自社の欠陥もよくわかるわけです。川村さんは戻るということは想定していなかったでしょうけど、いざ戻って改革するとなったら、傍流にいたときの経験がすごく役に立ったはずです。

木村　組織を改革するとき、リーダーはみんなに好かれる人ではダメだと思っていて、果敢な意思決定をしていかなければいけない。あえて嫌われる勇気というか、開き直る勇気が大事になるというのが、その4「堂々と嫌われろ」のメッセージです。

松井　結果的に嫌われることはあっても、最初から嫌われることを目指していっても、僕はしようがないと思っているんです。どういうことかというと、いままでの価値観とは正反対のことをやろうとすれば、最初は基本的にみんな抵抗します。だから、その抵抗をうまく抑えてやっていかなければいけない。そのときに、上から腕力で押さえつけるやり方もあれば、チームを率いてうまくやっていくやり方もあるし、政治家がよくやるように、あえて敵をつくってみんなをまとめていくやり方もあります。それは、その時々のリーダーが自分の個性に合わせてやったほうがいいと思うんです。

経営者もあくまで個性がベースにあって、その個性でチームを引っ張る。だけど、いまは、一九六四年の東京オリンピックのとき、女子バレーボールチームを率いて一世を風靡した大松博文監督のように「俺についてこい！」というだけでは動かない時代になりました。どちらかというと、多種多様な価値観の人たちが集まって、これをうまく束ねていくタイプのリーダーが求められているのではないでしょうか。

木村　いわゆるポジションでマネジメントするのはもう機能しなくなっていますよね。

松井　そうです。そうすると、みんなが納得してくれるようなことをきちんとやる人、行動で示してくれる人。カリスマ的な人望はなくても、普段の言動が正しくて、信念がブレない人。要するに、どこにでもいる市井の人。ただ、チームをまとめる力だけはしっかりもっていて、基本を疎かにしない人。そういう人が大事で、そこに個性が乗ってきます。したがって、経営のスタイルは個性の数だけあるんです。でも、昔のように、一将功成りてというか、ガツガツやっていくだけの人たちがリーダーでうまくやれるかというと、決してそんなことはない。そんな時代ではないということです。

木村 自分なりに信念を持って経営に携わっていると、信念を試される踏み絵の瞬間というのがあるのではないかと思います。松井さんも、最後の最後は自分なりの軸で判断されてきたわけですよね。

松井 そうですね。僕は軸がブレることはほとんどありません。ただ、みんなの意見はたくさん聞きましたよ。意見を聞かないと始まらない。でも、「松井さんは一生懸命意見を聞くけど、最後は自分たちの意見とは違う決断を下す」と常に言われていました。

自分でこうしたいという思いもちゃんとある。これを覆すような意見は、社内からはなかなか出てこなくて、社外取締役の人たちから出てきます。でも、いろいろ聞いた結果、最後は自分が思った決断をします。それでも意見を聞くのと聞かないのとは大きく違う。

世の中には僕もかなわないようなすごい経営者がたくさんいます。二〇〇二年に社外取締役制度を入れたのは、ガバナンスというよりはメンターとして取り入れたわけです。

木村 耳の痛いことを言ってくれる人が何人持てるか、ということですね。

松井 僕は、社外取締役を頼む場合は必ずトップ経験者にしています。社長と副社長にはものすごく大きな差があるから、社長を経験した人。もう一つは畏敬の経営者。耳あたりのいいことを聞きたいわけではないからです。取締役会を社内でやる分には、社長が議長をやっていても、ほとんど何の問題もない。ところが、社外取締役が三名も来ると、けっこう緊張した会議体になる。それが狙いです。

会社は社長の人格以上にはならない

松井 社長の器というか、個性以上には、会社は大きくなりません。会社は社長の人格以上にはならないんです。

木村 いわゆる権威に頼るのではなく、全人格的なリーダーシップをいかにつくっていくかが、会社を強くする上で重要になってきています。

松井 いまはみんなの意見を吸い上げ、チームとしてまとめる能力が、経営者としていちばん大事になっています。みんな自分たちの個性で自由に物を言って、その自由で多様な個性をまとめあげる能力が、いまの組織を有効に機能させるには必要だということです。

木村 でも、それは、単に調整するリーダーではなくて、最後の最後は腹を括って自分で決めるリーダーですよね。

松井 調整型のリーダーでは難局を乗り切ることはできません。みんなの意見で経営するというのは最悪の負けパターンなんです。決めるべき人に九割の権限を集めていく。そうしないと経営はうまくいきません。いちばんいけないのは、多数決で決めること。経営を多数決で決めてはいけません。少なくとも、経営方針をみんなで議論して決めようなんてことは無理です。それはトップが自分で決めることです。

木村　いろんな人の意見を聞くことは重要だけれども、最後に決めるのはトップの仕事だということ。それこそまさにダークサイド・スキルということですね。

おわりに

きっと本書を読んだＩＧＰＩの同僚・部下は、「お前が言うなよ！」と失笑することだろう。実際のところ、私自身がまだリーダーへ向けた旅路（Leadership journey）の真っただ中であり、日々格闘しているというのが、恥ずかしいが現実のところである。一方で、この旅路はきっとゴールにたどり着くことはなく、永遠にその道を歩き続けるものだろうとも思っている。そういった意味では、本書の内容を一番のバイブルとしているのは私自身かもしれない。

「将来世代のためのより良い未来を形作っていくことに、産業面から貢献すること」。そのために、今日世代の企業の競争力を高め、次世代のリーダーを育てるという二つを行っていくことが、私の志である。

日々多くの企業の現場を見ていると、日本の企業には競争力のある技術や精密なオペレーションを実行する組織能力など、非常に力強い能力がたくさん存在している。また、それぞれの企業に根差す企業文化や価値観など、歴史の長い企業ほど特筆すべきものがたくさんある。

これらの能力や企業文化をいかに正の方向に導けるか、それこそが企業競争力の源泉だと思うし、そのためにミドルリーダーがしっかりと機能することが、今日の日本の「古くて大きな会社」に求められている喫緊の課題であると私は思っている。

多くのミドルリーダーが、空気を読まず、多様性を受け入れ、小さな問題に正面からぶつかり続けていけば、きっと明るい未来が待っていると私は信じているし、そのために私ができる限りのことを、今後も多くの企業に入っていきながら、ハンズオンで実践していきたいと思っている。

最後に本書を執筆するにあたって、大変にお忙しいにもかかわらず対談の申し出を快く受けてくださった、心から尊敬している松井忠三氏に御礼申し上げる。日々真剣勝負の議論を交わし、多くの刺激と貴重なアドバイスをもらっている、代表パートナーの冨山和彦氏・村岡隆史氏をはじめとするＩＧＰＩのパートナーの方々に感謝の意を表したい。また、本書執筆のために、週末を幾度となく空けてくれた最愛の家族にもお礼を言いたい。最後に、本書を担当してくださった日本経済新聞出版の赤木裕介氏、構成を担当してくださった田中幸宏氏にも、大変にお世話になった。この場を借りて、心より感謝申し上げる。

解説――東京大学・柳川範之教授

実は、本書の著者である木村尚敬さんとプライベートでも親交がある。普段の仕事ぶりはいたって真面目なのだが、食事に行ったりするといろいろ興味深い現場の裏話を面白く語ってくれて、そのギャップに驚かされることも多い。『ダークサイド・スキル』という書籍を初めて見たとき、そんな逸話がたくさん載っているのかと思っていたら、予想に反して真面目で、組織の力学についての核心に迫ることが書かれていた。ある意味、「二重に裏切られた」といえるかもしれない。

『ダークサイド・スキル』が高く評価され、ベストセラーとなった理由を私なりに考えてみると、三つの要因が挙げられる。まず一つ目が書名だ。どことなく妖しげな魅力をもつ言葉に惹かれて手に取った方も多いのではないだろうか。

二つ目として、キャッチーなタイトルでありながら、内容はインフォーマルな組織構造について正面からきちんと取り上げられている点が挙げられる。組織における上司と部下というフォーマルな指揮命令系統ではなく、非公式な組織の力学について書いた本は、これまでありそうであまりなかった。日本の企業社会では、特にインフォーマルネットワークの影響力が強く、リーダーがこれをどう使いこなすかが、実は非常に重要になってくる、というのは読者の皆さんとの実感とも近いと思う。

少しアカデミックな話をすると、2014年にノーベル経済学賞を受賞したジャン・ティロール教授とフィリップ・アギオン教授の古典的な研究に、フォーマルオーソリティー（公式的な権威）とリアルオーソリティー（実際的な権威）は区別される、というものがある。組織においていくら公式的な権威を与えられたとしても、その人が現場のことについて何も知らなければ、実質的な権限は知識や情報を持っている人が握る、ということだ。

言い方を換えれば、どれだけ上司が形式的な権限を持っていても、部下・中間管理職にきちんとした知識があれば上司を動かす力を持ち得る、ということである。これは『ダークサイド・スキル』に通じる考え方であり、本書は経済学的理論にもフィットしている、と言えるだろう。

三つ目は、部下が上司を動かすことができる、そのメカニズムを具体的に解き明かしたことにある。部下が実務における知識を持ち、実質的な権限を持っているとして、その構造を使って、どのように上司を動かせばいいのか。当然、部下が上司に命令して動かすというわけにはいかず、なかなかイメージしづらいのではないだろうか。本書で紹介されているテクニックを使えば、それが実践できるのである。組織人として生きていくうえで、非常に大切なスキルであることがおわかりいただけることと思う。

さて、新型コロナウィルスの世界的な感染拡大により、企業をめぐる環境は大きく変化している。いままでと同じことをやっていたのでは生き残ることは難しいだろう。そんなときに会社を動かす主役となるのは、実態をよく把握している管理職の方々だ。上からの命令と下からの突き上げの板挟みに悩む従来の中間管理職ではなく、会社の状況や現場で求められる戦略を理解したうえで、積極的にトップや上司に働きかけ、変革を成し遂げていく。そのために求められるのが「ダークサイド・スキル」なのである。

なお、管理職の役割の変化と、これから必要となる考え方・能力については、木村さんとの共著となる書籍『管理職失格』にまとめた。本書とあわせてお読みいただき、ぜひ管理職から会社を動かし、旧来型組織をどんどん活性化させるために役立ててほしい。

2020年9月

東京大学大学院経済学研究科・経済学部教授
柳川範之

本書は２０１７年７月に日本経済新聞出版社より刊行した
『ダークサイド・スキル』を文庫化したものです。

日経ビジネス人文庫

ダークサイド・スキル
本当《ほんとう》に戦《たたか》えるリーダーになる7つの裏技《うらわざ》

2020年10月1日 第1刷発行
2023年11月22日 第3刷

著者
木村尚敬
きむら・なおのり

発行者
國分正哉

発行
株式会社日経BP
日本経済新聞出版

発売
株式会社日経BPマーケティング
〒105-8308 東京都港区虎ノ門4-3-12

ブックデザイン
新井大輔

本文DTP
マーリンクレイン

印刷・製本
中央精版印刷

Printed in Japan ISBN978-4-532-19991-3